A DIVINA EUCARISTIA

– 2013 –

Nota explicativa

No início da terceira edição da presente coleção de uma parte dos Escritos e Sermões de São Pedro Julião Eymard, achamos por bem acrescentar um trecho do Prefácio à segunda edição francesa, feito pelo Reverendíssimo Padre Alberto Tesnière, Sacerdote Sacramentino que organizou esta Obra:

"O Reverendíssimo Padre Eymard deixou numerosas notas manuscritas sobre o Santíssimo Sacramento, notas que eram o fruto de suas orações e que serviam de base às suas pregações. Fazia o que ensinava; pregava como orava e aquilo que dissera a Nosso Senhor na intimidade do coração, repetia-o em alta voz para maior edificação e instrução dos seus auditores.

As notas estão tais quais no-las deixou o Padre Eymard. Apenas lhe acrescentamos, cá e lá, algumas modificações de estilo.

Às vezes, também, mudando a forma, pomos na boca do fiel se dirigindo a Nosso Senhor aquilo que o Padre dizia aos ouvintes.

Às meditações extraídas das notas do Padre Eymard ajuntamos algumas que foram recolhidas enquanto falava. Tal fonte não é nem menos pura, nem menos autêntica que a outra. O Padre Eymard lendo essas notas tomadas sob seu ditado, nelas reconheceu seu pensamento, sua mesma expressão. Eis a origem deste pequeno livro (e desta inteira coleção)."

Nihil obstat
Rio de Janeiro, 30 de maio de 1932

P. Tito Zazza, S.S.S.
Superior dos PP. Sacramentinos

Imprimatur
Por comissão especial do Exmo. e Revmo. Sr. Bispo de Niterói, D. José Pereira Alves
Petrópolis, 31 de maio de 1932

Frei Oswaldo Schlenger, O.F.M.

A DIVINA EUCARISTIA

Extratos dos Escritos e Sermões
de
SÃO PEDRO JULIÃO EYMARD

Fundador da Congregação do Santíssimo Sacramento
e das Servas do Santíssimo Sacramento

Tradução do Francês
de
Mariana Nabuco

3ª edição

Volume 2
(A Santa Comunhão)

Fons Sapientiae

Distribuidora Loyola de Livros Ltda.
Rua Lopes Coutinho, 74 - Belenzinho
03054-010 São Paulo
Tel.: (11) 3322-0100
www.distribuidoraloyola.com.br

Visite nossas livrarias

Loja Senador
Rua Senador Feijó, 120 - Centro
01006-000 São Paulo, SP
lojasenador03@livrarialoyola.com.br

Loja Quintino
Rua Quintino Bocaiúva, 234 - Centro
01004-010 São Paulo, SP
lojaquintino05@livrarialoyola.com.br

Loja Campinas
Rua Barão de Jaguara, 1389 - Centro
13015-002 Campinas, SP
lojacampinas03@livrarialoyola.com.br

Loja Santos
Rua Padre Visconti, 08 - Embaré
11040-150 Santos, SP
lojasantos04@livrarialoyola.com.br

www.livrarialoyola.com.br

Introdução

Nem sempre é fácil fazer a apresentação de um escrito. Mais difícil se torna tal incumbência, quando, se trata de apresentar uma obra que foi escrita em outro tempo eclesial, uma vez que vivemos hoje a eclesiologia do **Vaticano II e de Santo Domingo**.

Mas os santos (entre eles **São Pedro Julião Eymard**) de ontem, de hoje e de amanhã são vencedores. São testemunhas do cordeiro de Deus e sinais da santidade de Igreja. Eles têm crédito. Ademais a Eucaristia é o Dom dos Dons. É nosso maior tesouro. É raiz e centro da comunidade cristã (cf AG 9; P06). "É fonte de vida da Igreja, penhor de futura glória; meio de chegar ao Pai" (cf UR 15). É preciso redescobrir a importância ímpar da Eucaristia na vida cristã: amá-la, recebê-la e adorá-la. (cf para isso NMI 35).

Felizes os que promovem o culto eucarístico, não só pelos livros, mas principalmente pelo exemplo da vida. Certamente não lhes faltarão as graças divinas.

Parabéns.

In Domino

+**Dom Carmo João Rhoden, scj**
Bispo Diocesano de Taubaté

O espírito da Comunhão

"Dilata os tuum et im-
plebo illud."

"Dilatai vossos desejos
e Eu os saciarei" (Sl 80,11)

Já que o amor de Jesus Cristo se eleva à perfeição máxima e produz as graças mais abundantes na inefável união que contrai com o comungante, devemos tender à Comunhão — e à Comunhão freqüente e mesmo cotidiana — por tudo o que a piedade, as virtudes e o amor nos podem inspirar de bom, de santo e de perfeito.

Sendo a Santa Comunhão a graça, o modelo e o exercício de todas as virtudes — pois todas se exercem nessa ação divina — dela tiraremos maior proveito do que de todos os outros meios de santificação.

Necessário é, porém, que a Santa Comunhão se torne o pensamento dominante do espírito e do coração, o alvo de todo estudo, de toda piedade, de toda virtude. A recepção de Jesus deve ser o fim da vida e sua lei. Todas as obras para ela hão de convergir como para seu fim, e dela dimanar como do seu princípio. A nós cabe vivermos, portanto, de tal forma que possamos ser admitidos frutuosamente à Comunhão freqüente e cotidiana até. A nós cabe aperfeiçoarmo-nos para poder comungar bem e vivermos para poder comungar sempre.

Receais que a Grandeza de Deus esmague o vosso nada? A Grandeza celeste e divina que reina nos Céus não existe na Comunhão. Não se velou Jesus para não vos amedrontar e permitir-vos fitar nele os olhos e dele vos aproximar sem receio?

Ou será vossa indignidade que vos leva a afastar-se do Deus de toda a santidade? Na verdade, o mais santo, o mais puro dos Querubins não é digno de receber o Deus-Hóstia... Jesus, porém, oculta suas virtudes, sua mesma Santidade e só patenteia sua Bondade. Não ouvis essa doce voz vos dizer: *Vinde a mim*? Não sentis a proximidade desse Amor Divino que vos atrai? Ah! os méritos não ditam os direitos, nem as virtudes abrem a porta do Cenáculo, mas sim o Amor de Jesus.

Mas, alegareis, minha piedade é tão diminuta, e tão fraco é meu amor. Como então poderá minh'alma tíbia, e já por si só repugnante e desprezível, receber a Nosso Senhor?

Sois tíbio? Razão bastante para dar novo mergulho nessa fornalha ardente. Repugnante? Ah! Nunca o sereis para tão bom Pastor, tão terno Pai, mais paternal que qualquer pai, mais maternal que qualquer mãe. Quanto mais doente, quanto mais fraco, tanto mais necessitais de seu socorro. O pão é a vida dos fracos e dos fortes.

Talvez haja algum pecado? Então examinai-vos e se, feito o exame, vossa consciência não acusar algum pecado mortal positivo, do qual tendes absoluta certeza, então aproximai-vos da Santa Comunhão. Se sabeis perdoar a quem vos ofendeu, isso já vos alcança o perdão das culpas; e, quanto às negligências de cada dia — distrações na oração, impulsos de impaciência, de vaidade, de amor-próprio; preguiça em sacudir prontamente o fogo das tentações, são arbustos de Adão, que devem ser atados e lançados nas chamas do Amor Divino. Aquilo que o Amor perdoa, está plenamente perdoado.

Ah! não vos deixeis afastar da Mesa Eucarística por meros pretextos. Ao contrário, ide comungar por Jesus Cristo, se não quiserdes comungar por vós mesmos, e consolá-lo do abandono em que o deixam a maior parte dos homens. E então lhe provareis que Ele não se iludiu, ao instituir esse Sacramento de refeição espiritual, enquanto fareis frutificar os tesouros de graças que Jesus Cristo depositou na Eucaristia, unicamente para poder reparti-los entre os homens. Mais ainda: dareis ao seu Amor sacramentado uma vida de expansão, que é todo o seu desejo: à sua Bondade, o gozo de fazer o bem; à sua Realeza, a glória de espalhar suas liberalidades. Portanto, ao comungardes, cumpris com o fim da glória que se propõe a Eucaristia, pois, sem comungantes, esse rio correria em vão; essa fornalha de Amor não abrasaria os corações; esse Rei estaria no trono sem súditos.

A Santa Comunhão não somente dá a Jesus Sacramentado a ocasião de satisfazer o seu Amor, mas dá-lhe nova vida, toda consagrada à glória de seu Pai. Não lhe sendo mais possível, no seu estado glorioso, honrá-lo com amor espontâneo e merecedor, Ele virá ao homem, pela Comunhão; entrará em sociedade com ele, a ele se unirá. Em virtude de tão admirável união, o cristão, restituindo a Jesus Glorioso membros, bem como faculdades sensíveis e vivas, lhe dará a necessária liberdade para tirar mérito das virtudes; e deste modo, pela Comunhão o cristão se transformará no mesmo Jesus, e Jesus tornará a viver nele.

Então produz-se no comungante algo de divino. É o homem que trabalha enquanto é Jesus que dá a graça do trabalho. É o homem que merece, enquanto é Jesus que recebe toda a glória. Então Ele pode dizer ao Pai: "Amo-vos, adoro-vos, continuo a sofrer ainda e vivo novamente em meu membro".

É isto que dá à Comunhão sua força máxima. É uma segunda, e perpétua, Encarnação de Jesus Cristo. É a formação duma sociedade de vida e de amor entre Jesus Cristo e o homem. Numa palavra, a Comunhão torna-se, para Jesus Cristo, qual outra vida.

Diretório para a preparação

"Opus namque grande est, neque enim homini praeparatur habitatio, sed Deo."

"É obra de suma importância, pois não é ao homem, mas a Deus que preparais uma morada." (1Cr 29,1)

A Santa Comunhão é Jesus. Recebemo-lo substancialmente em nós, em nossa alma e corpo, sob a forma de alimento. Ele vem a fim de nos mudar nele, e nos comunicar, primeiro, sua Santidade e, depois, sua Felicidade e sua Glória.

É pela Santa Comunhão que Jesus Cristo nasce, cresce e se aperfeiçoa em nós, e seu grande desejo é que a recebamos, e a recebamos com freqüência. É esse também o desejo da santa Igreja que no-la aconselha. Ela coloca ao nosso alcance todos os meios de santificação de que dispõe, para que nos possamos dispor a recebê-la condignamente, enquanto todo o seu culto está em no-la preparar e dar.

Se nos fosse dado conhecer os dons e as virtudes inerentes à Comunhão, havíamos continuamente de suspirar por ela. Um momento é o bastante para que uma única Comunhão faça um Santo, uma vez que é Jesus Cristo em Pessoa, autor de toda Santidade, que se chega a nós.

Indispensável, porém, é comungar bem. Ora, uma boa Comunhão exige preparação e ação de graças adequadas.

I

Existem duas espécies de preparações: a do corpo e da alma.

A preparação do corpo requer um jejum, um porte digno, um aspecto limpo e decente. Na Comunhão celebramos as núpcias régias do cristão, a visita do Rei divino, a festa do Corpo de Deus do comungante. Portanto, à vista de tais títulos, nenhuma negligência exterior será tolerada.

A preparação da alma, requer, primeiro, uma consciência pura do pecado mortal, e, na medida do possível, do pecado venial deliberado. O asseio é o primeiro ornamento da casa que se dispõe a receber um hóspede. Que a alma do comungante, se for ornada de poucas virtudes, tenha, pelo menos, essa alvura que as prepara.

Demais, o decoro exige devoção, recolhimento, fervor de oração. O amor divino nos deveria tornar sempre aptos a comungar, pois não deseja o amor unir-se ao objeto amado, não suspira por Ele, não esmorece em sua procura? Não está o pobre sempre pronto a receber esmola? Excitai-vos, pelo menos, ao amor pelos quatro fins do Sacrifício.

II

Adorai, movido por fé viva, a Jesus presente no Santíssimo Sacramento, na Hóstia Santa que ides receber. Adorai-o, exteriormente, pela atitude respeitosa do corpo, pela profunda modéstia dos sentidos, e, interiormente, pela grande humildade, pela homenagem de todas as faculdades da alma, exclamando com São Tomé: *Meu Senhor e meu Deus!*

Rendei graças pelo dom insigne do Amor de Jesus, pelo convite que vos dirige para chegar-vos à sua Mesa Eucarística, a vós, de preferência a tantos outros melhores e mais dignos e o receber.

Louvai sua Sabedoria que, inventando e instituindo por vós tão grande Sacramento, desviou para vós esse rio de vida que serpenteia por entre todas as gerações há dezoito séculos.

Bendizei sua Onipotência, que soube triunfar de tantos obstáculos e não recuou ante nenhum sacrifício, nenhuma humilhação, para se dar todo a vós.

Exaltai o imenso Amor que o reduz a ser, nesse Sacramento, a Vítima perpétua de vossa salvação, o Alimento divino de vossa vida, o Amigo terno e constante do vosso exílio. Convidai os Anjos a, unidos a vós, louvar convosco, ao seu Deus e seu Rei.

Examinai-vos ligeiramente, depois de ter contemplado o Doador e seu excelso Dom. É a *propiciação*. Vede a pobreza, as imperfeições, as dívidas. Humilhai-vos à vista da vossa baixeza e, chorando mais uma vez os pecados cometidos, reconhecei que eles vos tornaram desprezíveis, e implorai graça e misericórdia, dizendo:

"Senhor, esqueceis então o meu passado? Fui um grande pecador. Meu presente? Sou a mais miserável das vossas criaturas. Meu futuro? Ai de mim! talvez seja ainda a mais ingrata, a mais infiel? Não, não mereço receber-vos. Uma palavra, porém, de perdão é o bastante para mim. Afastai-vos de mim que sou um pecador, indigno de vosso amor..." Detestai, então, vossos pecados, ambicionai e pedi a pureza dos Anjos, a santidade da Santíssima Virgem. Rogai aos Anjos e aos Santos que se interessem por vós. Dai-vos a Maria para que ela mesma vos prepare à Santa Comunhão.

Agora, imaginai ouvir as doces palavras do Salvador: "É por serdes pobre, que venho a vós; doente, que vos venho sarar. Tornei-me Sacramento para dar-vos minha Vida, fazer-vos participar da minha Santidade. Vinde, confiante, dar-me o vosso coração — é tudo quanto vos peço".

Então, *suplicai* a Nosso Senhor que levante todos os obstáculos e se chegue a vós. Desejai esse momento de vida e de felicidade, suspirai por ele, pronto a tudo sacrificar, a tudo renunciar por uma só Comunhão! Então correi, voai à Mesa Celeste, enquanto os próprios Anjos invejam vossa felicidade e o Céu contempla-vos cheio de admiração. Jesus espera-vos. Ide, ide ao festim do Cordeiro.

III

Que os pecados, uma vez chegado o momento da Comunhão, não mais vos inquietem. Além de ser uma tentação perigosa, isso vos lançaria na tristeza e na perturbação — dois inimigos da devoção.

Nem tampouco vos deveis preocupar com orações vocais, mas, com a consciência tranqüila e confiado na suave Bondade de Jesus, que vos chama e vos espera, aproximai-vos do Deus do Amor.

Ide à Mesa Eucarística com as mãos postas, os olhos baixos. Caminhai grave e simplesmente. Ajoelhai-vos, movido pelo júbilo e felicidade do coração.

Ao comungar, conservai a cabeça erguida e fixa; os olhos fechados; abri modestamente a boca; colocai ligeiramente a língua sobre o lábio inferior sem a mover, até que o sacerdote nela tenha colocado a Hóstia Santa, que, se quiserdes, podeis guardar um instante sem a engolir, a fim de que Jesus, Santidade e Verdade, santifique e purifique vossa língua; depois, introduzi-a no vosso peito, no trono do vosso coração. Adorai-o em silêncio e começai a ação de graças.

O estado de graça e a Comunhão

"Probet autem seipsum homo; et sic de pane illo edat et de calice bibat."

"Prove-se o homem a si mesmo antes de comer esse Pão e de beber esse Vinho." (1Cor 11,28)

I

A Eucaristia é um pão de delícias. Para dele se participar, é preciso, primeiro estar vivo, isto é, em estado de graça. A condição essencial — primeira e única — é, portanto, a isenção de todo pecado mortal.

Se o decoro quer também que estejamos livres do pecado venial, se quer piedade e virtudes, tudo isso é relativo. Ao religioso pede-se mais do que ao leigo, a quem vive só e retirado mais do que aquele sobre quem pesa a responsabilidade da família.

Não tenhamos, portanto, quanto aos requisitos impostos para a Comunhão, nem receios exagerados, nem temores fúteis. Estais em estado de graça? Quereis aproximar-vos de Jesus, unir-vos a Ele? Vinde, pois! Se tiverdes virtudes, por elas glorificareis mais a Deus, e vossas disposições serão mais perfeitas. Mas, mesmo assim, quem jamais se poderá julgar inteiramente digno? A verdadeira virtude é aquela que acredita nada ter. Compete-vos, por acaso, o direito de pesar virtudes e qualidades para ver se mereceis comungar? Humilhar-vos bem e suspirar ardentemente é a melhor das disposições.

Insisto, porém, muito, sobre a pureza da consciência, sem a qual o Pão da Vida se tornará para vós num pão de morte. A Eucaristia por si não dá a morte, todavia, se vossa alma, antes de a receber já estava morta, duas vezes mais estará depois.

É o estado de graça que São Paulo pede ao dizer: "Que o homem, antes de comer o Pão divino, se prove a si mesmo". E, porque alguns comungavam com culpa na consciência, ele lhes afirma que comeram sua própria condenação. Crucificaram a Jesus, seu próprio Juiz, no coração.

A Eucaristia é o pão dos vivos, como Nosso Senhor mesmo o proclamou, ao anunciar esse mistério: "Eu sou o Pão da Vida... Quem me comer, por mim viverá". São duas vidas distintas, a divina, de Jesus na alma, e a da alma em Jesus.

Mas, se a Comunhão é a união da alma a Jesus, é preciso, como base de união entre esses dois termos, uma unidade, uma paridade, porquanto dois opostos não se unem. A luz não se mistura às trevas, nem a morte à vida. Se Jesus, que vem a nós, está vivo, também nós o devemos estar, sem o que toda união será impossível. Só conseguireis pregar Jesus por alguns instantes no vosso coração, mas Ele ali não permanecerá e tereis cometido para com Ele apenas uma sacrílega violência.

Não nos esqueçamos, portanto, dessa condição essencial da pureza de consciência. A Igreja no-la inculca fortemente pela voz do Concílio de Trento e nos proíbe expressamente comungar se tivermos na consciência algum pecado mortal — seja qual for nosso arrependimento — sem primeiro nos confessarmos.

II

Embora tal pureza não fosse exigida, o simples decoro no-la imporia. A Comunhão é um banquete. É o festim nupcial do Cordeiro. Jesus Cristo recebe-nos à sua Mesa e alimenta-nos com a sua própria Carne. É ao mesmo tempo conviva e festim. *Dominus ipse conviva et convivium, ipse comedens et qui comeditur*[1]. Poderíamos então apresentar-nos com porte indigno? Quem ousaria comparecer a uma festa com descuido no traje? Ninguém. Façamos, por conseguinte, por Nosso Senhor o que faríamos por qualquer pessoa. É um banquete real. Os Anjos que cercam seu Rei não se podem sentar à Mesa festiva, apesar de toda a sua pureza, e se a vós não é dada sua resplandecente alvura, deveis ter, pelo menos, a pureza de consciência que Jesus Cristo impõe como condição a quem se chega à sua Mesa.

III

Demais, na Eucaristia, tudo nos convida à pureza. Já notastes quão belo e puro é o cortejo infantil de primeiros comungantes? E quão puro é o Pão do Altar! É trigo sem mácula, despido de todas as suas imperfeições e convertido em farinha — e haverá algo de mais puro que a farinha branca? É amassado sem o fermento que lhe dá

---

1. Epist. 28 – S. Hieron, ad Hedibam, 2.

um germe corruptivo. Se o Senhor tivesse escolhido outra matéria, de cor diferente, nela não encontraríamos as mesmas lições de pureza...

E essa pureza é de tal forma natural, em se tratando da Comunhão, que se eu vos mandasse comungar em estado de pecado mortal, havíeis de recuar, horrorizados, preferindo a morte.

O próprio pecado venial deliberado vos intimida e, no entanto, podeis aproximar-vos, pois isto não constitui obstáculo radical à Comunhão. E todavia não ousais. Não vos considerais bastante dignos. Vossas vestes não têm o desejado brilho e vindes pedir perdão. Muito bem. É prova de delicadeza, mas é também prova de que a pureza está essencialmente ligada à Comunhão.

Vede Nosso Senhor antes da Ceia. "Estais puros, diz Ele aos Apóstolos, porém vossos pés estão cobertos de poeira. Vou lavá-los e purificar-vos inteiramente." E Nosso Senhor lava-lhes os pés. Lição magna de humildade! Lição maior de pureza!

Guardai, portanto, a alma bem viva! Conta-se que o suplício mais atroz para os mártires era o de serem atados vivos a um cadáver, preferindo eles mil vezes a morte a tamanha tortura. É terrível, com efeito, a aliança forçada da morte com a vida. Por que, então, unir Jesus Cristo a um cadáver? Quereis amortalhá-lo? Seja, pelo menos, o sepulcro novo e puro...

IV

O motivo, porém, que mais fortemente atua na alma verdadeiramente cristã para torná-la pura, é que Jesus se comunica mais ou menos intimamente, segundo o grau, maior ou menor de pureza.

Se vossa alma está isenta apenas do pecado mortal, Jesus, na verdade, virá a vós e vivereis pela sua graça; mas sereis semelhantes a Lázaro, que, embora vivo, não se podia mover por estarem seus membros atados, e não tirareis grande proveito de vossa Comunhão. Convém purificar-vos e voltar com freqüência a haurir novas forças e assim, vencendo-vos inteiramente, acabareis por produzir os frutos de graças e de boas obras que Jesus de vós espera.

Quando o comungante está isento do mesmo pecado venial deliberado, Jesus, não encontrando obstáculos, opera fortemente nele. Inflama-lhe o coração, excita-lhe a vontade, ilumina-lhe o espírito e penetra na intimidade do seu coração. Aconchega-se à alma sem ser repelido pelas imperfeições, saboreia o perfume dos seus bons desejos e nela se compraz. Então, entre a alma e Jesus, passam-se coisas inefáveis. A alma, adquirindo uma delicadeza inaudita, não se toma mais em consideração. Torna-se uma com Jesus até exclamar: "Tomai tudo e sobre tudo reinai. Que nosso amor perdure. Eu serei vossa serva por toda a eternidade".

Quão grande é o consolo de saber que Jesus vem a nós segundo o nosso grau de pureza! Se viesse em razão das boas obras e das virtudes, que desgraça! Pois ante a Santidade do Deus de todas as virtudes, não desaparecem as nossas, por insignificantes? Sois, todavia, puros, mas crescei cada dia nessa mesma pureza, e Jesus, cheio de júbilo, a vós se chegará.

Conservar-nos puros, livrar-nos de todo germe possível de corrupção, tornar-nos transparentes e brilhantes, é o trabalho que nos cabe fazer na alma. É, ao mesmo tempo, o fruto da Comunhão e o meio de unir nossa alma a Jesus até que tal união se torne constante na terra, iniciando, assim, a união eterna que nos espera na glória.

O desejo da Comunhão

"Esurientes implevit bonis."   "Ele fartou de bens aos que tinham fome." (Lc 1,53)

O estado de graça é a condição necessária, essencial, da Comunhão. As virtudes e a piedade são de vantagem, mas a boa vontade e o ardente desejo podem supri-las. Infelizmente, move-nos muitas vezes apenas uma meia vontade, junto a uma inteligência por demais fraca do que recebemos. Examinemos, portanto, as condições aconselhadas para a Comunhão, e assim poderemos nos precaver contra os defeitos contrários.

A primeira e mais importante das condições é o desejo.

I

Para comer é preciso ter fome, sentir necessidade de se alimentar — quem não se alimenta morre de inanição. Ora, comer é penoso e grosseiro, e digerir é, muitas vezes, cansativo e doloroso. Deus deu-nos, por conseguinte, o apetite, que nos faz desejar a comida e a esta sabor que no-la torna agradável.

Assim também existe a fome da Comunhão, a fome de Jesus Cristo. Essa reveste graus diversos e quanto mais intensa for, mais proveitosa será a Comunhão. O estômago são tem fome e digere facilmente a comida, enquanto que o doente nada pode suportar.

É mister que Deus mesmo nos dê essa fome da Comunhão, sem a qual nunca pediríamos para comungar. Existe entre Deus e nós tamanha distância que, por nós mesmos, nunca ousaríamos aproximar-nos da Mesa Eucarística, se a graça não nos provocasse uma fome que se torna necessário satisfazer e que, fazendo-nos esquecer a infinita dignidade de Jesus Cristo, nos faça pensar somente em nós mesmos. Deus absorve nosso espírito pela sua graça para que não vejamos nossa miséria, mas sim sua Bondade, até esquecermos quem nós somos e quem Ele é.

O homem vive de desejos, e só procura, só empreende algo de grande depois de longamente o cobiçar. Pois bem! É um desejo divino que nos leva à Comunhão, ao ponto de nos dar a coragem de chegar-nos ao Juiz do Céu e da terra, sem morrermos de medo. A fome de Deus explica nossa temeridade. De certo, o desgraçado que toma pão para fugir à morte não é ladrão. Justifica-o a necessidade.

"Mas não sinto tal desejo!" A quem não comunga, é possível, mas a quem comunga garanto que o desejo lhe vem de Deus. Quem já não o possui de algum modo, não ousaria dele se aproximar.

Qual o pobre que, embora faminto, se convidaria para jantar com o rei à mesa régia? Nenhum. Ora, na

Comunhão a distância que nos separa de Deus é bem maior. Como então temos a ousadia de nos aproximar? Ah! É preciso que Jesus Cristo, na sua infinita Bondade, nos vende os olhos. Então procedemos para com Ele como não procederíamos para com nenhum grande da terra: Convidamo-nos ao Banquete Divino!

O grande motivo que nos leva, portanto, a participar da sagrada Comunhão, é a fome que dela sentimos. E quanto mais aguda, quanto mais veemente for, tanto mais devemos comungar. Se não cresceis espiritualmente, se não vos fortificais, é que comeis pouco ou sem apetite. Se não vos é dado ter a fome do amor, que a convicção de vossa necessidade vos anime pelo menos.

II

Há um desejo, uma fome da Comunhão que nos é sempre possível. É o desejo do enfermo, que sofre, à espera do médico; daquele que tem febre, à espera do copo d'água. Ah! pobres filhos de Adão, tão profundamente feridos, apresentemo-nos a Nosso Senhor e digamos-lhe: "Senhor, nosso quinhão é apenas miséria e sofrimento. Vinde, por favor, socorrer-nos; que a pobreza de nossa morada não vos cause repulsa. Queremos receber-vos porque carecemos de forças. Compadecei-vos da nossa miséria!" Esta é a linguagem de quase todos os comungantes. Vede tal penitente, tal ímpio, convertido. Ao acabar a confissão, arrasta-se penosamente. Mas mandam-no, com toda razão, aproximar-se da Mesa Eucarística. Exclama, então: "Senhor, dai-me pão, que morro de fome, pois, como poderei eu, que saio da estrada larga e florida do mal, entrar no caminho estreito e árduo da vida cristã?" Tal fome é boa e agradável a Nosso Senhor. Exalta-o, enquanto nos coloca, a nós, no nível baixo que nos compete.

Espero ver-vos muitas vezes com essa fome do pobre. E podereis sempre alegar, como direito à Comunhão, a necessidade que dela tendes — necessidade esta que, junta à pureza de consciência, basta para tornar uma Comunhão boa e frutuosa, como no-lo patenteia, de modo tocante, o santo Evangelho.

Um soberano preparara um festim magnífico. Os convivas, prevenidos, não quiseram comparecer — segundo nos dizem os intérpretes, pelos presentes que lhes cabia oferecer aos noivos. O rei, ciente da recusa, manda buscar nas praças e nas vias públicas os pobres, os mendigos, os estropiados — é que Jesus Cristo prefere os pobres e humildes aos ricos e soberbos. Cada um, ao entrar, recebia das mãos dos servos a veste nupcial. Ora, o rei se apresenta e se regozija por ver o júbilo nas fisionomias, habitualmente tão tristes; mas logo percebe que um dos convivas não traz a túnica branca e, vendo nisso um desacato à sua pessoa, manda que seja expulso. Este bem o merecia, pois não lhe era pedido ofertar uma dádiva aos noivos, mas tão-somente apresentar-se de modo conveniente. Todos os outros, embora pobres e estropiados, revestidos da alva túnica continuaram na festa, porquanto sua miséria era a razão de ser de sua presença ali.

Pois bem, somos pobres e padecemos. Sejam, portanto, nossas aspirações ainda mais violentas. Nosso Senhor tem tanto prazer em sarar as feridas de quem lhas mostra. Em vida, raramente, visitava ricos e poderosos. Aceitou apenas dois ou três convites de fariseus — e isso mesmo com idéia de lhes curar o espírito, cheio de orgulho e de erros. Eram enfermos, embora sofrendo de outro mal. Mas, quanto aos pobres, Jesus ia vê-los com prazer, sem que nada o repelisse.

Vinde, também vós, pedir forças e coragem e dizei: "Senhor, lanço-me, extenuado, aos vossos pés!" Chegai-vos sem medo, não que o mereceis mas porque dele necessitais.

Exclamai, confiantes: "Senhor, dai-nos hoje o pão de cada dia. Somos pobres mendigos que não nos valemos de direito algum, mas sim do vosso convite". E Nosso Senhor vos acolherá bem. Já que vos convidou, não vos quer repelir. Antes, pelo contrário, quer abraçar-vos ternamente e abrir-vos os tesouros de sua Graça e de sua Bondade.

A preparação do Espírito Santo

"Spiritus Sanctus superveniet in te, et virtus Altissimi obumbrabit tibi."

"O espírito Santo virá em vós e o poder do Altíssimo vos cobrirá com sua sombra." (Lc 1,35)

Pela Santa Comunhão renova-se de certo modo o augusto mistério da Encarnação. Quando Maria respondeu com seu *Fiat* à voz do Anjo, o Filho de Deus encarnou-se no seu seio. Mas o Verbo não se contentou em unir-se à mais pura das virgens e, por ela, à humanidade toda, quis ainda unir-se a cada cristão em particular. Ora, o Espírito Santo foi o operador divino da Encarnação. Preparara Maria para ser Mãe de Deus. Preservara-a, na sua Conceição Imaculada, derramara sobre a sua Alma, já no primeiro instante, as mais belas virtudes e as cultivara em seguida. E, ao soar a hora de formar e animar o Corpo de Jesus, foi ainda o Espírito Santo que fecundou as entranhas de Maria. E, uma vez realizado esse Mistério, continuou a viver nela, cobrindo-a com sua sombra, a fim de temperar o ardor do sol divino, que ela trazia no seio.

Por nossa vez, aprendamos a nos preparar à Comunhão, em união com o Espírito Santo.

I

Foi Ele quem santificou Maria, a fim de torná-la digna de ser a Mãe de Deus. Embora as três Pessoas da Santíssima Trindade concorram para a santificação das almas, essa operação é atribuída de modo especial à terceira Pessoa. Dom por excelência, laço entre o Pai e o Filho, e que, presente em nossa alma, nos une a Deus. O Espírito Santo ornou Maria com todas as virtudes e quando ela, receosa, hesitava se devia aceitar a dignidade da Maternidade Divina, por julgá-la incompatível com seu voto de virgindade, o Anjo, tranqüilizando-a, respondeu-lhe que o Espírito Santo, vindo a ela, nela havia de operar. Notai que Ele já habitava nela pela plenitude da graça. Por que então estas palavras: "O Espírito Santo virá a vós"? É que Ele virá a vós, débil criatura, a fim de vos fortificar e vos preparar para esse Mistério de sua Onipotência. E, por grande que seja vossa fraqueza, nada podereis recear se, por preferência toda especial, o próprio Deus vem a vós para em vós receber a Deus, pois foi o Espírito Santo quem recebeu em Maria o Verbo Divino e que lhe deu a natureza humana.

Ora, a Eucaristia, pela Comunhão, associa-nos à glória de Maria e às alegrias de sua Maternidade.

Mas quem receberá em mim o Verbo de Deus? Eu, tão pobre e miserável, não o posso fazer. O estado de graça em que julgo estar, talvez não esteja isento de mácula. E, posto que fosse imaculado, que vale isso em presença daquele que é Santo por excelência? Valerão minhas insignificantes virtudes?... Mas Deus as possui todas em grau supremo. Se, portanto, eu vier sozinho receber Jesus, a recepção será bem desigual. Devo, ao preparar-me à Comunhão, unir-me ao Espírito divino, que pelo estado de graça já habita em mim. A ele compete receber Jesus.

Lembremo-nos tão-somente que a disposição em que o Espírito Santo nos quer é a de Maria, ao exclamar: "Eis a escrava do Senhor!" "Senhor, vós me convidastes, ciente de minha pobreza, de minha miséria, de minha ignorância. Ao vosso Espírito, portanto, compete receber-vos e falar-vos por mim, para que a recepção seja digna de vós."

Não nos unimos bastante ao Espírito Santo, nem tampouco procuramos conhecê-lo. E Ele habita em nós. E somos seus templos. Ah! Quantos cristãos não saberiam dizer quem é o Espírito Santo, porque nunca se fala nele. Só à alma interior é dado conhecê-lo. Suas operações são todas íntimas. E quem vive exteriormente, embora conheça seus dons, nunca lhe compreenderá a linguagem, toda envolta em amor e doçura. Este é o quinhão das almas recolhidas e silenciosas. Rezai, portanto, muitas vezes ao divino Espírito. Uni-vos a Ele, Ele vos prepare para a comunhão, que fale por vós e por vós agradeça a Jesus, que por Ele Jesus reine em vós.

II

O Arcanjo, ao dizer a Maria que o Espírito Santo viria a ela, acrescentou logo: "E vos cobrirá com sua sombra".

E que significa isto? É que sendo Deus um fogo consumidor, ao vir a nós, vem com sua Natureza Divina. Se, por conseguinte, o Espírito Santo não nos cobrisse, qual nuvem suave, seríamos logo consumidos. Que somos nós, mergulhados na Divindade, senão uma palha lançada num incêndio? A Ele compete temperar esse ardor divino, deixando transparecer apenas o suficiente para aquecer-nos e vivificar-nos. Ele nos é tão necessário quanto o foi a Maria, a quem cobriu, diz São Bernardo, com sua sombra, para proteger seu corpo virginal no contato com a Divindade. *"Ipse est qui Virgini obumbravit ut et virgineo corpori temperaret Deitatis accessum."*

III

O Espírito Santo, além de estar em Maria para receber o Verbo Divino, é ainda quem vai criar a Alma humana e formar, do sangue virginal, o Corpo puríssimo de Jesus.

Exercerá o mesmo papel em nossas Comunhões. Fazer de nós outros Jesus Cristo é obra essencialmente sua. Espiritualmente, nos quer transformar nele, até fazer de ambos um só ser. Fisicamente, torna-nos participantes do seu estado, depositando em nós o germe da glória, que levará nossos corações à semelhança do de Jesus glorioso. O Espírito do Verbo, que fez sair Jesus do túmulo, ressuscitará nossos corpos para igual glória.

Ele estabelece nas almas união de sentimentos, de forma que, ao acabar Jesus de viver sacramentalmente, viverá ainda, espiritualmente, e o Espírito Santo, prolongando, deste modo nossa Comunhão, prolongará a Vida divina de Jesus em nós.

A comida, uma vez digerida, deixa no estômago seu suco nutritivo que, espalhando-se pelo corpo, o fortifica e o faz viver. Assim também, consumidas uma vez as Santas Espécies, e afastada de nós a sagrada Humanidade de

Jesus, a Divindade recebida simultaneamente com seu Corpo, permanece em nós. Permanece não somente como seu templo, mas como o suco nutritivo no estômago. Fortifica todas as potências da alma, nutrindo-a com inspirações santas e com impulsos de amor sagrado. Transforma-nos no que Ele é em si mesmo, tornando-nos espirituais e divinos até se cumprirem estas palavras magníficas: *"Qui adhæret Domino, unus spiritus est"*. Quem estiver unido ao Senhor, com ele fará um só espírito.

Que felicidade termos nascido no tempo da Eucaristia! Os justos da Lei antiga, esses grandes Santos da Lei do temor, suspiravam pela vinda do Messias — e nunca lhes foi dado vê-lo! Hoje, qualquer cristão é mais favorecido do que todos os santos Patriarcas!

Mas, praticamente, que devemos fazer? Deixar o Espírito Santo operar em nossa alma e nela formar Nosso Senhor. Deixemo-nos amassar pelas suas Mãos Divinas, qual cera mole, suscetível de tomar todas as formas. Quando formos comungar, preparemo-nos em união com ele, oremos, façamos com Ele nossa ação de graças. Querer dispensar tal auxílio é orgulho e presunção, já que sem Ele seríamos incapazes de orar. Mas o Espírito Santo vem ao encontro de nossa enfermidade e em nós ora por gemidos inenarráveis.

Se o invocarmos, agradaremos ao Pai Celeste. Ele poderá, então, com real prazer, dar-nos seu divino Filho, sem receio de vê-lo ser mal recebido. A Nosso Senhor, causaremos ainda maior alegria. Ele, que só ambiciona dar-se a nós, gosta de encontrar um cenáculo vasto e ricamente ornado. Finalmente, agradaremos ao Espírito Santo, cuja glória está em fecundar as almas pelo amor.

O Santo Sacrifício

"Hoc facite in meam commemorationem."

"Fazei isto em memória de mim." (Lc 22,19)

I

Assistir cada dia à santa Missa é chamar sobre cada dia as bênçãos do Céu. Se assim fizermos, havemos de cumprir melhor com nossos deveres e fortificar a alma para levar o peso da cruz cotidiana — quinhão de todo cristão.

A Missa é o ato mais santo da religião. É a devoção por excelência dos Santos. Nada dá maior glória a Deus, nada proporciona maior vantagem à alma do que a assistência piedosa e freqüente à santa Missa.

Na verdade, o Sacrifício da Missa contém em si o valor do Sacrifício da Cruz e no-lo aplica pessoalmente. É o mesmo Sacrifício, a mesma Vítima, o mesmo Sacerdote. É Jesus Cristo imolado, incruentamente, dessa vez, porém, real e eficazmente.

Fosse-vos dado, após a Consagração, ver o Mistério do Altar tal qual é, havíeis de ver Jesus Cristo na Cruz, oferecendo ao Pai suas Chagas, seu Sangue, sua Morte, para a salvação da vossa alma e a do mundo inteiro. Havíeis de ver os Anjos prostrados em redor do Altar, admirados, quase atônitos, ante tão grande Amor para com as criaturas indiferentes ou ingratas. Havíeis de ouvir o Pai Celeste, contemplando o seu divino Filho, dizer-vos como no Tabor: "Eis meu Filho bem amado, o objeto das minhas complacências. Adorai-o, amai-o, servi-o de todo o coração".

II

Para compreendermos o que é a Santa Missa, lembremo-nos que, em primeiro lugar, esse ato augusto possui em si um valor superior a quaisquer boas obras, virtudes ou méritos reunidos de todos os Santos, inclusive a excelsa Maria Santíssima, desde o começo até o fim do mundo. Que, em segundo lugar, a Missa é o sacrifício do Homem Deus, morrendo enquanto Homem, e elevando, enquanto Deus, sua Morte à dignidade de ação divina, dando-lhe, por conseguinte, um preço infinito.

Move-nos profundo respeito ao ouvirmos o Santo Concílio de Trento expor semelhante verdade com palavras repassadas de grandeza e de majestade. "Esse Sacrifício efetuado na Santa Missa é verdadeiramente expiatório, porque é o mesmo Jesus Cristo que, tendo-se imolado de maneira sangrenta uma única vez na Cruz, nele está todo inteiro e se imola novamente de modo não sangrento. Portanto, se, contritos e penitentes, nos aproximarmos por esse meio de Deus, com o coração sincero e a fé firme, com temor e respeito, obteremos misericórdia, graça e socorro no momento oportuno. Com efeito, apaziguado o Senhor pela oblação desse Sacrifício, pelo qual nos concede a graça e o dom do arrependimento, perdoa-nos os crimes e pecados, por maiores que sejam. É uma só e a mesma Hóstia. É a mesma Pessoa que, hoje, se oferece pelo ministério dos sacerdotes e que outrora se ofereceu na Cruz — modificada apenas a maneira da oblação. Em virtude desse Sacrifício, recebemos em abundância os frutos da oblação sangrenta. Não está, portanto, em nada diminuído, mas, segundo a tradição dos Apóstolos, é um Sacrifício oferecido de direito, não somente pelos pecados, penas, satisfações e outras necessidades dos fiéis vivos, como também pelos que, tendo morrido no amor de Jesus Cristo, não se purificaram ainda plenamente". Que bela linguagem!

Mas se Jesus Cristo não morre nem sofre mais — onde está o sacrifício? Levantai, movidos pela fé, o véu do Mistério e vereis a Jesus Triunfante, porém imolado; Jesus Majestoso, porém humilhado; Jesus Onipotente, porém encarcerado; Jesus Impassível, porém padecente; numa palavra, Jesus que não pode morrer de fato, revestindo o estado de morte, para perpetuar seu Sacrifício.

III

E qual é o seu fim? É, pelo seu estado de Vítima, glorificar perpetuamente ao Pai, que nele descansando os Olhos, por Ele abençoará e amará a terra. É enquanto Redentor, continuar sua Vida, e enquanto Salvador, associar-nos às suas virtudes, aplicando-nos diretamente os frutos de sua Morte e, unindo-nos à sua oferta, ensinando-nos a, juntamente com Ele, nos sacrificar. É, finalmente, fornecer-nos os meios de assistirmos com Maria e João ao seu Sacrifício e à sua Morte.

IV

Mas, ao substituir Jesus, pelo só sacrifício da Missa, todos os sacrifícios da Lei antiga, forçoso lhe era nele incluir todas as intenções, todos os frutos dessa mesma Lei.

Os Judeus, por prescrição divina, ofereciam a Deus sacrifícios para quatro fins: 1.º) para reconhecer-lhe o supremo domínio sobre toda criatura; 2.º) para agradecer-lhe os dons; 3.º) para suplicar-lhe que lhos continuasse; 4.º) para apaziguar-lhe a cólera, justamente irritada pelos pecados dos homens. Ora, Jesus Cristo tudo isso faz, e com requintada perfeição, pois em vez de oferecer touros e carneiros, oferece-se a Si mesmo, Ele o Filho de Deus, e Deus como o Pai.

Na Missa, Jesus Cristo *adora* ao Pai e em nome dos homens — Ele, o primogênito — reconhece que tudo provém de Deus, vida e bens e que, por conseguinte, só Deus merece viver. Oferece, em seguida, sua própria Vida em testemunho de que, vindo de Deus, Deus dela dispõe, livre e absolutamente.

É hóstia de louvor e *agradece* ao Pai as graças a Ele concedidas e, por meio dele, a todos os homens. Torna-se, portanto, nossa perpétua ação de graças.

É Vítima de propiciação e *implora* a todo instante perdão pelos pecados que, a todo momento, se renovam, procurando associar o homem à sua reparação, unindo-o à sua oferta.

É, finalmente, nosso advogado e *intercede* com lágrimas e profundos gemidos, enquanto seu Sangue clama "e pede" misericórdia.

V

Já que assistir à Missa é unir-se a Jesus Cristo, isto constitui, para nós, o ato salutar entre todos. Aí nos são comunicadas as graças de arrependimento e de justificação e os socorros que nos hão de preservar das recaídas. Aí encontramos o meio soberano de praticar a caridade para com o próximo, aplicando-lhe não os nossos méritos insignificantes, mas sim os Méritos infinitos, as riquezas imensas de Jesus Cristo que Ele nos oferece. Aí advogamos eficazmente a causa das Almas do Purgatório. Aí conseguimos a conversão dos pecadores, enquanto o Céu em peso encontra na Santa Missa um motivo de júbilo e os Santos um acréscimo de glória exterior.

Unir-se à augusta Vítima é o melhor meio de assistir à Santa Missa. Fazei o que ela faz; oferecei-vos com ela, na mesma intenção, e vossa oferta, enobrecida, purificada, merecerá um Olhar Divino. Aprendei a seguir a Jesus Cristo ao Calvário, meditando, passo a passo, sua Paixão e Morte.

Mas, sobretudo, uni-vos ao Sacrifício, dele participando. Comei junto com o sacerdote a parte da Vítima que vos cabe, então a Missa se tornará plenamente eficaz e responderá de modo cabal aos desígnios de Nosso Senhor.

Ah! se fosse dado às Almas do Purgatório voltarem ao mundo! Venceriam qualquer obstáculo para assistir a uma única Missa! Se a vós também fosse dado compreender-lhe a excelência, as vantagens e os frutos, não passaríeis um único dia sem assistir à Santa Missa!

Método de assistir à Santa Missa pela meditação da Paixão

"Quotiescumque..., mortem Domini anuntiabitis."

"Sempre que participardes dos Mistérios Sagrados, anunciareis a Morte do Senhor." (1Cor 11,26)

Para assistir devotamente à Santa Missa, meditai nos diversos passos da Paixão do Salvador, renovados ali de maneira tão admirável.

Preparação — Considerai o Templo como o lugar mais santo e respeitável do mundo, como um novo Calvário. O Altar, de pedra, contém os ossos dos Mártires. Os círios, que ardem e se consomem, são o símbolo da fé, esperança e caridade. As toalhas brancas, que cobrem o Altar, lembram-nos as mortalhas em que foi envolvido o Corpo de Jesus Cristo. O Crucifixo no-lo representa morrendo por nós.

No sacerdote, vede Jesus Cristo com as vestes de sua Paixão: no amito, o pedaço de fazenda com que os carrascos velaram a Face do Salvador; na alva, a túnica branca de escárnio com que o vestiu o impudico Herodes; no cordão, os laços com que os Judeus o ataram no Jardim das Oliveiras, a fim de levá-lo aos tribunais; no manípulo, as cadeias com que foi preso à coluna de flagelação; na estola, as cordas com que o puxaram pelas ruas de Jerusalém com a Cruz às costas; na casula, o manto púrpura que lhe lançaram no pretório, ou a Cruz que lhe impuseram.

Numa palavra, o ministro, trazendo as vestes sacerdotais, representa-nos o próprio Jesus Cristo, caminhando para o suplício do Calvário. E, além disso, ensina-nos quais as disposições com que nos devemos apresentar ao Santo Sacrifício.

O amito, colocado primeiro na cabeça e logo depois nos ombros, é símbolo da modéstia e do recolhimento; a alva branca e o cordão, da pureza; o manípulo, da contrição; a estola, da veste de inocência; a casula, do amor da cruz e do jugo do Senhor.

O sacerdote entra e se aproxima do altar levando o cálice. Vede Jesus dirigindo-se ao Jardim de Getsêmani para ali começar sua Paixão de Amor. Com os Apóstolos, acompanhai-o, mas ficai a velar e rogar com Ele. Afastai toda distração, todo pensamento alheios a tão tremendo Mistério.

O sacerdote, aos pés do Altar, inclina-se, ora e humilha-se profundamente, à vista dos seus pecados. Jesus, no Jardim, prostra-se, a face contra a terra; humilha-se pelos pecadores; um suor de Sangue, fruto de sua imensa dor, corre-lhe pelo Corpo, ensangüentando-lhe as vestes, manchando a terra. É que Ele tomou a si nossos pecados, com toda a amargura inerente.

A vós, então, cabe confessar com o sacerdote vossas faltas; com ele pedir humildemente perdão e receber a absolvição, para que, purificado, possais assistir ao Santo Sacrifício. Se esta só consideração vos ocupar durante todo o Sacrifício; se vos for dado participar dos sentimentos e da agonia de Jesus; se a graça vos retiver ao seu lado, está bem. De outra forma, acompanhai-o no percurso da Paixão.

O sacerdote, subindo o Altar, beija-o. Judas, chegando ao Jardim das Oliveiras, dá a Jesus um beijo pérfido. Ah! quantos não tem ele recebido dos seus filhos e ministros infiéis!

Ai de mim! nunca o traí eu?... Nunca o entreguei aos seus inimigos ou às minhas paixões?... E, no entanto, Ele muito me amou!

Podeis também contemplar a Jesus preso, tornando a Jerusalém, a fim de comparecer perante seus inimigos e deixando-se levar com a doçura do Cordeiro. Pedi-lhe a paciência e a mansidão nas provações por parte do próximo.

O sacerdote começa o intróito e benze-se. Jesus é conduzido à presença do sumo Pontífice Caifás, onde Pedro o renega. Ah! quantas vezes não o reneguei eu, à sua verdade, à sua lei, às minhas promessas! E não foi nem o temor, nem a surpresa que me levaram a renegar meu Salvador. Ai de mim! Sou, por conseguinte, mais culpado do que Pedro, cujas lágrimas correram sem demora, uma vez cometida a culpa. E ele chorou-a toda a vida, enquanto meu coração permanece duro e insensível.

O sacerdote recita o Kyrie. Jesus clama ao Pai por nós. Aceitai, com Ele, todos os sacrifícios que Deus vos pedir.

O sacerdote recita as Orações e a Epístola. Jesus, em presença de Caifás, confessa sua Divindade, ciente de que a sentença de morte lhe virá punir semelhante declaração.

Meu Deus, fortificai, aumentai minha fé nessa mesma Divindade, para que, mesmo em perigo de vida, eu a adore, a ame e a confesse, feliz em poder dar meu sangue para defendê-la.

O sacerdote lê o Evangelho. Jesus, em presença de Pilatos, dá testemunho de sua realeza. Sede sempre, ó Jesus, rei de meu espírito pela vossa Verdade, rei de meu coração pelo vosso Amor, rei de meu corpo pela vossa Pureza, rei de toda a minha vida pela vontade que tenho de consagrá-la à vossa maior Glória.

Recitai em seguida o *Credo*, com fé e piedade, lembrando-vos de que o Salvador morreu em defesa da Verdade.

O sacerdote oferece o pão e o vinho do sacrifício, a hóstia a Deus Pai. Pilatos apresenta Jesus ao povo exclamando: *Ecce Homo,* eis o Homem! Seu estado excita compaixão. A flagelação feriu-o até o Sangue, e a coroa de espinhos lhe ensangüentou a Face. Um manto de púrpura, já gasto, junto à vara que leva na mão, fazem dele um rei de comédia. Pilatos propõe ao povo que lhe conceda a graça. Mas este não quer e responde: Seja crucificado! *Crucifigatur!* E nesse momento Jesus se oferecia ao Pai pela salvação do mundo todo e do seu povo em particular, e o Pai aceitava sua oblação.

Ofereço-vos, com o sacerdote, ó Padre Santo, a Hóstia pura e imaculada de minha salvação e da salvação de todos os homens. Ofereço-vos, em união com essa oblação divina, minha alma, meu corpo e minha vida. Quero continuar a fazer reviver em mim a santidade, as virtudes e a penitência de vosso divino Filho. *O Domine, regna super nos.*

O sacerdote lava as mãos. Pilatos também lavou as mãos para protestar a inocência de Jesus. Ah! meu Salvador, lavai-me no vosso Sangue puríssimo e purificai-me dos muitos pecados e imperfeições que maculam minha vida.

O sacerdote convida os fiéis, no Prefácio, a louvar a Deus. Jesus, Homem de Dores, há pouco aclamado por aqueles que hoje o coroam de espinhos e o atam num poste, recebe ali as homenagens derrisórias e sacrílegas de seus carrascos, que o atormentam com ultrajes indignos, lhe cospem na Face, e dele zombam. Ai de nós! Tais são as homenagens que nosso orgulho, nossa sensualidade, nosso respeito humano rendem a Jesus Cristo!

No Cânon, o sacerdote inclina-se, ora e santifica as ofertas por numerosos Sinais-da-Cruz. Jesus curva os ombros sob o fardo da Cruz. Toma-a com amor, beija-a, leva-a com carinho, encaminhando-se para o Calvário, dobrado sob esse peso de amor. Ah! Ele carrega meus pecados a fim de expiá-los, e minhas cruzes a fim de santificá-las. Sigamos Jesus Cristo, levando a Cruz e subindo penosamente o monte Calvário. Acompanhemo-lo com Maria, as santas mulheres e Simão, o Cireneu.

O sacerdote impõe as mãos sobre o cálice e a hóstia. Os carrascos, apoderando-se de Jesus Cristo, despem-no violentamente, e estendem-no sobre a Cruz, onde o crucificam.

Consagração e Elevação. O sacerdote consagra o pão e vinho no Corpo, Sangue, Alma e Divindade de Nosso Senhor Jesus Cristo. Adora, de joelhos, seu Salvador e seu Deus, real e verdadeiramente presente em suas mãos. Eleva-o, em seguida, apresentando-o à adoração dos fiéis. É Jesus erguido na Cruz, entre o céu e a terra, qual Vítima e Mediador entre Deus irritado e nós, míseros pecadores.

Adorai e oferecei esta Vítima Divina em expiação, não somente pelos vossos próprios pecados, mas também pelos pecados dos homens em geral e dos vossos pais, parentes e amigos em particular. Prostrados a seus pés, seja o grito de vosso coração: *Meu Senhor e meu Deus!*

Considerai a Jesus estendido no Altar, como outrora na Cruz, adorando ao Pai, no profundo aniquilamento de sua própria Glória, rendendo-lhe graças por todos os bens concedidos aos homens seus irmãos — e irmãos redimidos — mostrando-lhe as Chagas, ainda abertas, que pedem graça e misericórdia pelos pecadores; rezando por nós de tal forma, que o Pai nada lhe pode recusar, a Ele, seu Filho, e Filho que se imolou por amor à sua Glória.

Prestai ao próprio Jesus o culto que Ele presta ao Pai. Adoro-vos, ó meu Salvador presente realmente sobre o Altar para renovar em meu benefício o Sacrifício do Calvário. A vós que sois o Cordeiro, ainda e diariamente imolado, bênção, glória e poder nos séculos dos séculos! Rendo-vos, agora, e por toda a eternidade vos renderei ações de graças pelo grande Amor que me manifestastes.

O sacerdote invoca, profundamente inclinado, a Clemência Divina para si e para todos. É Jesus quem diz: *Pai, perdoai-lhes, que não sabem o que fazem.* Adorai tamanha Bondade que, desculpando sempre os criminosos, não lhes quer chamar nem inimigos, nem carrascos.

Perdoai-me, ó meu Salvador, que minha culpa excede a deles, porquanto eu vos ofendi, embora soubesse que éreis o Messias, meu Salvador e meu Deus. Perdoai-me. Vossa Misericórdia será maior e, por conseguinte, mais digna ainda do vosso Coração. Se sou pródigo, sou todavia, filho. Eis-me aos vossos pés.

O sacerdote ora pelos mortos. Jesus na Cruz reza pelos mortos espirituais, pelos pecadores. Sua prece converte um dos dois celerados que primeiro o haviam insultado, blasfemando contra Ele. "Lembrai-vos de mim, Senhor, quando estiverdes no vosso Reino", diz-lhe o bom ladrão. E Jesus responde-lhe: "Hoje mesmo estarás comigo no Paraíso".

Ó meu Deus, pudesse eu, na hora da morte, fazer-vos o mesmo pedido e ouvir a mesma resposta! Lembrai-vos de mim nesse momento terrível, como vos lembrastes do ladrão penitente.

No "Pater", o sacerdote invoca o Pai Celeste. Jesus na Cruz recomenda sua Alma ao Pai. Pedi a graça da perseverança final.

No "Libera nos", o sacerdote roga para ser preservado dos males desta vida. Jesus, no grande Amor que nos tem, tem sede de novos sofrimentos e bebe, para expiar nossas gulodices, o fel misturado com vinagre.

O sacerdote divide a Hóstia santa. Jesus inclina a cabeça, a fim de lançar sobre nós um último olhar todo de amor e expira, exclamando: *Tudo está consumado.*

É a Alma que se separa do Corpo! Adora, ó minha alma, a Jesus morrendo, e já que Ele morreu por ti, saibas tu também viver e morrer por Ele. Implorai a graça de uma morte boa e santa, nos braços de Jesus, Maria e José.

O sacerdote, no "Agnus Dei", bate três vezes no peito. Enquanto Jesus expira, o sol se eclipsa de dor, a terra estremece apavorada, os túmulos se abrem. Então, carrascos e espectadores, batendo no peito, confessam publicamente seu erro, em presença de Jesus na Cruz, proclamam-no Filho de Deus e afastam-se contritos e perdoados. Uni-vos à sua contrição e merecereis o mesmo perdão.

O sacerdote bate no peito e comunga. Jesus é descido da Cruz, e colocado nos braços de sua Mãe dolorosa. É embalsamado, amortalhado num lençol branco e colocado num sepulcro novo.

Ó Jesus, ao receber-vos no meu corpo e na minha alma, desejo que meu coração seja não um túmulo, mas sim um templo alvo e puro, ornado de belas virtudes, onde só Vós reinareis.

Ofereço-vos minha alma para morada. Vinde nela habitar, qual Senhor supremo. Não seja eu um túmulo de morte, mas um tabernáculo vivo. Ah! aproximai-vos de mim, pois longe de vós, desfaleço.

Acompanhai a Alma de Jesus enquanto desce ao limbo a levar às almas dos justos a sua libertação. Uni-vos à sua alegria, ao seu reconhecimento e dai-vos para sempre ao vosso Salvador e vosso Deus.

O sacerdote purifica o cálice e cobre-o com o véu. Jesus ergue-se do túmulo, glorioso e triunfante, encobrindo, todavia, por amor aos homens, o esplendor de sua Glória.

O sacerdote, em ação de graças, recita as orações. Jesus convida aos seus a se regozijarem pela sua vitória sobre a morte e sobre o inferno. Uni-vos ao júbilo dos discípulos e das santas mulheres em presença de Jesus ressuscitado.

O sacerdote abençoa o povo. Jesus abençoa seus discípulos. Inclinai-vos, confiante de receber uma Bênção que há de realizar tudo quanto promete.

O sacerdote lê o último Evangelho. É quase sempre o de São João, onde está descrita a Geração Eterna, temporal e espiritual do Verbo Encarnado.

Adorai a Jesus que subiu ao Céu para ali vos preparar um lugar. Contemplai-o reinando num trono de glória e enviando aos Apóstolos seu Espírito de Verdade e de Amor.

Pedi que esse Espírito divino habite em vós e vos dirija em tudo o que fizerdes no correr do dia, e que este, pela graça do Santo Sacrifício, seja todo santificado e tornado fecundo em obras de graça e de salvação.

Do método de assistir à Santa Missa em união com o espírito do Santo Sacrifício

O Santo Sacrifício divide-se em três partes: a primeira vai do começo da Missa ao Ofertório; a segunda, do Ofertório à Comunhão; a terceira, da Comunhão ao último Evangelho.

I

Enquanto o sacerdote ora aos pés do Altar e se humilha pelos seus pecados, deveis confessar vossas culpas e adorar a Deus em toda humildade, a fim de vos preparar para assistir dignamente ao Santo Sacrifício.

Durante o *Intróito* lembrai-vos dos santos desejos dos Patriarcas e Profetas, que ansiavam pela vinda do Messias, unindo-vos a eles para pedir a Jesus Cristo que venha a vós e em vós reine.

No *Glória* uni-vos em espírito aos Anjos para louvar a Deus e agradecer-lhe o mistério da Encarnação.

Nas *Orações*, uni vossas intenções e vossos pedidos aos da santa Igreja. Adorai o Deus infinitamente bondoso, de quem procede todo dom. Prestai à *Epístola* a mesma atenção que prestaríeis se vos falassem os Profetas ou Apóstolos, e adorai a Santidade de Deus.

No *Evangelho* ouvi a Jesus Cristo em Pessoa falando-vos e adorai a Verdade de Deus.

Recitai o *Credo* com vivos sentimentos de Fé, Fé essa que renovareis em união com a da Igreja, protestando, ao mesmo tempo, que defendereis, se preciso for, com vosso próprio sangue todas as verdades contidas no Símbolo.

II

Na segunda parte da Missa, unindo vossas intenções às do sacerdote, oferecei-a pelos quatro fins do Santo Sacrifício:

1.º) Como homenagem de suma adoração. Oferecei ao Padre Eterno as adorações do seu Filho Encarnado, unidas às vossas próprias adorações e às de toda a Igreja. Oferecei-vos também a vós mesmo com Jesus Cristo, para amá-lo e servi-lo.

2.º) Como homenagem de ação de graças. Oferecei o Santo Sacrifício ao Pai, a fim de lhe agradecer os méritos, as graças e a glória de Jesus Cristo; os méritos e a glória de Maria Santíssima, e de todos os Santos; todos os benefícios pessoais recebidos, e a receber, pelos méritos de seu Filho.

3.º) Como hóstia satisfatória. Oferecei-o para satisfazer todos os vossos pecados, e expiar todos os crimes que se cometem no mundo. Lembrai ao Padre Eterno que Ele nada nos pode recusar, já que nos deu seu Filho, que ali está em sua Presença, num estado de Sacrifício e de Vítima — Vítima que é dos nossos pecados e dos pecados de todos os homens.

4.º) Como sacrifício impetratório, ou hóstia de oração. Oferecei ao Pai, como o penhor que nos deu do Amor Divino, para que, confiantes, possamos dele esperar, em abundância, os bens espirituais e temporais. Exponde-lhe quais vossas necessidades e pedi-lhe instantemente a graça de vos corrigir do vosso defeito dominante.

No *Lavabo*, purificai-vos pela contrição a fim de vos tornardes uma verdadeira hóstia de louvor, agradável a Deus, o que lhe atrairá um olhar de complacência.

No *Prefácio*, uni-vos ao concerto da Corte Celeste, para louvar, bendizer e glorificar o Deus três vezes Santo por todos os seus dons de graça e de glória, e sobretudo por nos ter remido na Pessoa de Jesus Cristo.

No *Cânon*, associai-vos à piedade e ao amor dos Santos da Nova Lei, para, com eles, celebrar dignamente a nova encarnação e a nova imolação que se vão operar pela palavra do sacerdote. Pedi ao Pai Celeste que, nesse Sacrifício, abençoe a todos os outros sacrifícios que lhe ofertareis, quer de virtude, quer de santidade.

Enquanto o sacerdote, cercado por uma falange de Anjos, se inclina profundamente cheio de respeito ante a Ação Divina que lhe cabe realizar; enquanto fala e opera divinamente na Pessoa de Jesus Cristo, consagra o pão e o vinho no Corpo, no Sangue, na Alma e na Divindade do Homem-Deus, renovando o mistério da Ceia, admirai esse Poder inaudito, transmitido aos sacerdotes em vosso favor.

Depois, ao baixar Jesus sobre o Altar à palavra do seu ministro, adorai a Hóstia Santa, o cálice do Sangue de Jesus Cristo, clamando misericórdia por vós e recebei, qual outra Madalena, ao pé da Cruz, o Sangue que brota das Chagas de Jesus.

Oferecei essa Vítima divina à Justiça de Deus, por vós e por todos os homens, oferecei-a à sua Misericórdia infinita e divina, para que seu Coração, à vista das vossas próprias misérias, se enterneça e vos abra a fonte de sua Bondade sem fim.

Oferecei ainda essa mesma Vítima à Bondade de Deus para que Ele aplique seus frutos de luz e de paz às almas padecentes do Purgatório, até que esse Sangue lhes apague as chamas e, purificando-as inteiramente, as torne dignas do Paraíso.

Recitai o *Pater*, com Jesus Cristo em Cruz, perdoando aos seus inimigos, e perdoai, por vossa vez, do fundo do coração e com toda sinceridade, àqueles que vos ofenderam.

No *Libera nos*, pedi a Deus que, por Maria e todos os Santos, vos livre dos pecados e dos males passados, presentes e futuros, bem como de toda ocasião de pecado.

No *Agnus Dei*, lembrai-vos dos carrascos convertidos no Calvário e, como eles, batei no peito. Depois recolhei-vos por meio dum ato de fé, humildade e de confiança, de amor e de desejo, e ide receber a Jesus Cristo.

III

Se não comungardes de fato, comungai espiritualmente, do seguinte modo:

Desejai ardentemente unir-vos a Jesus Cristo, confessando quão necessário é para vós viver de sua Vida. Recitai um ato de contrição perfeita, por todos os vossos pecados, passados e presentes, baseada na Bondade e Santidade de Deus.

Levai, em espírito, a Jesus Cristo ao fundo de vossa alma, pedindo-lhe para fazer-vos viver unicamente para Ele, já que não podeis viver senão por Ele.

Imitai a Zaqueu tomando boas resoluções, e agradecei a Nosso Senhor terdes podido assistir à Santa Missa e fazer a Comunhão espiritual. Oferecei-lhe, em ação de graças, uma homenagem particular, um sacrifício, um ato de virtude, e pedi a Nosso Senhor que vos abençoe a vós e a todos os vossos parentes e amigos.

Método para assistir à Santa Missa pela meditação das Sete Palavras de Jesus Cristo na Cruz

No *Intróito*. Jesus ora pelos seus carrascos. *"Pater, ignosce illis; non enim sciunt quid faciunt."* "Pai, perdoai-lhes, que não sabem o que fazem." Ah! vossa culpa excede a deles, porquanto vosso conhecimento de Jesus era maior, e assim mesmo o crucificastes, pelos vossos pecados. Pedi perdão a Jesus Cristo!

Nas *Orações*. O bom ladrão diz a Jesus: *"Memento mei cum veneris in regnum tuum"*. "Lembrai-vos de mim, quando estiverdes no vosso Reino." E Jesus lhe respondeu: *"Hodie mecum eris in paradiso"*. "Hoje mesmo estarás comigo no Paraíso." O ladrão, grato, une seu sofrimento ao do Salvador. Pedi a mesma graça para hoje e o dia da vossa morte.

No *Ofertório*. Jesus dá São João a Maria por filho. *"Mulier, ecce filius tuus."* "Mulher, eis teu filho." Sucederá a Jesus na sua qualidade de filho, enquanto na sua pessoa, todos os homens receberão a Maria por mãe. Agradecei a Nosso Senhor vo-la ter dado, e pedi a esta boa Mãe que vos ame e vos dirija em tudo o que for do serviço de Jesus.

No *Prefácio*. *"Fili, ecce Mater tua."* "Filho, eis tua Mãe." É como filho que Maria vos recebe. Agradecei ao divino Salvador o belo título de filho de Maria, que vos dá direito tanto sobre seu Coração materno como sobre todos os seus bens.

Na *Elevação*. *"Sitio!"* "Tenho sede!" Adorai a Jesus, novamente sacrificado no Altar, pedindo licença ao Pai para sofrer ainda por amor aos homens exclamando: "Tenho sede! Sede de corações! Sede de vossa glória!" Saciai essa sede ardente de Jesus, sede pelo sofrimento, pela salvação do mundo, pela reparação devida à Majestade de Deus tão ofendido, e sofrei e reparai com Ele.

No *Pater*. *"Deus meus, Deus meus, ut quid dereliquisti me?"* "Meu Deus, meu Deus, por que me abandonastes?" Adorai os santos e inefáveis abandonos por que passou o Salvador em expiação do abandono em que o deixastes a Ele e à sua santa Lei e protestai que nunca mais o abandonareis.

Na *Comunhão* Jesus expira exclamando: *"Pater, in manus tuas commendo spiritum meum. Consummatum est!"* "Pai, entrego minha Alma em vossas Mãos. Tudo está consumado!" Adorai a Jesus na Santa Comunhão entregando a todos os homens tudo o que é — seu Corpo, seu Sangue, sua Alma e sua Divindade. Uni-vos ao seu Ministro e adorai a Jesus descido da Cruz e colocado nos braços de sua Santíssima Mãe. Recebei-o também e apertai-o junto ao coração, onde o guardareis para sempre.

Diretório para a ação de graças

"Gratias Deo super inenarrabili dono ejus."

"Graças a Deus pelo seu dom inarrável." (2Cor 9,15)

O momento mais solene da vossa vida é o momento da ação de graças, quando tendes à vossa disposição o Rei do Céu e da terra, vosso Salvador e Juiz, pronto a satisfazer todo e qualquer pedido vosso.

Consagrai-lhe trinta minutos, ou se tanto não vos for possível, pelo menos um rigoroso quarto de hora. E, em caso de necessidade, mais vale encurtar a preparação do que a ação de graças, porquanto não vos será dado outro momento mais santo, nem mais salutar do que aquele em que possuis a Jesus com seu Corpo e Alma.

É tentação comum querer abreviá-la. O demônio não ignora seu grande valor, e o amor-próprio e a natureza receiam seus efeitos. Determinai quanto tempo podeis dar a ato tão importante e não lhe corteis sequer um minuto, sem motivo de urgente necessidade.

A ação de graças impõe-se de modo absoluto, se não quisermos que a Comunhão, o ato santo por excelência, degenere num simples hábito de piedade. "Tende por certo, dizia S. João Batista de la Salle aos seus religiosos, que não há momento melhor na vida do que o momento da Comunhão e o que se lhe segue, em que tendes a felicidade de tratar, boca a boca, coração a coração, com Jesus".

É durante a ação de graças, portanto, que vossa alma deve gozar daquele que acaba de receber e ainda possui, prestando-lhe homenagem pelo seu amor, enquanto frui das doçuras confortadoras que lhe traz tão ditosa posse.

Isto não é — notai bem — a busca dum egoísmo espiritual, nem a satisfação duma sensualidade, mais ou menos mística. É o cumprimento dum duplo dever: dever para com o Hóspede divino da Comunhão, que merece certamente que o apreciemos e nele nos comprazamos, e dever para com a alma, cuja obrigação é reconfortar-se santamente com as delícias apresentadas nessa Mesa tão ricamente provida pelo Rei do Céu, delas gozando e nelas se deleitando.

Sois insensível e não sabeis apreciar de todo o que é a Comunhão, se, depois de receberdes a Nosso Senhor, nada sentis e não sabeis sequer agradecer-lhe.

Mas, alegareis, não sou contemplativo, e sinto-me incapaz de conversar interiormente. Expliquemo-nos. A conversação interior que se segue à Comunhão não pede um estado de vida espiritual mui elevado. Tendes boa vontade? Jesus vos falará e lhe haveis de compreender a linguagem — linguagem do coração, que todos entendem. Sede, portanto, fidelíssimos, e até escrupulosos, no tocante à ação de graças, para a qual vos darei agora alguns conselhos que vos farão tirar melhor proveito de tão precioso tempo.

I

Ao penetrar Jesus no vosso peito, no trono de vosso coração, permanecei um instante quieto, sem oração vocal, adorando em silêncio, prostrado em espírito com a Santíssima Virgem, com Zaqueu ou Madalena, aos pés de Jesus. Contemplai-o, admirado ante tanto Amor. Proclamai-o Rei do vosso coração, Esposo da vossa alma ... "Falai, Senhor, que vosso servo escuta ..." Prestai toda atenção.

Ponde vosso coração aos pés do Rei divino... Oferecei vossa vontade para executar suas ordens, consagrai todos os vossos sentidos ao seu Serviço.

E para que vosso espírito não se afaste mais dele, acorrentai-o junto ao seu trono, ou, melhor ainda, colocai-o aos seus Pés, para que Jesus, nele pisando, lhe possa extrair todo o orgulho, toda a leviandade.

Enquanto a alma estiver recolhida, ou fruindo calmamente da Presença de Nosso Senhor, não a perturbeis. É o sono suave da alma reclinada sobre o Peito de Jesus. Esta graça que a alimenta e a une tão docemente ao seu Bem-Amado, muito mais proveitosa lhe é do que qualquer outro exercício.

II

Passado esse primeiro estado, convém aplicar-vos à ação de graças propriamente dita, que será frutuosa se a fizerdes pelos quatro fins do Sacrifício.

Adorai a Jesus no trono do vosso coração; beijai-lhe com respeito os Pés divinos, as Mãos augustas; reclinai-vos sobre seu Coração ardendo de Amor; exaltai-lhe o

Poder; oferecei-lhe, em homenagem de adoração e submissão absoluta, as chaves de vossa morada; declarai-o Senhor vosso; confessai-vos seu servo feliz, pronto a tudo para lhe agradar.

Agradecei-lhe a honra que vos fez, o Amor que vos patenteou, tudo quanto vos deu nessa Comunhão! Louvai sua Bondade, seu Amor para convosco, tão pobre, imperfeito e infiel. Convidai seus Anjos e Santos, bem como sua divina Mãe, para convosco louvarem, bendizerem e agradecerem a Jesus por vós. Uni-vos às ações de graças da Santíssima Virgem, tão amorosas, tão perfeitas, e por elas agradecei.

Chorai aos seus Pés vosso pecados, qual outra Madalena. O amor penitente precisa sempre chorar, nunca se considerando quite para com suas dívidas de reconhecimento. Afirmai-lhe vossa fidelidade e vosso amor; sacrificai-lhe vossas afeições desregradas, vossa covardia, vossa preguiça para tudo o que custa. Implorai-lhe a graça de nunca mais o ofender; protestai que preferis cem vezes a morte ao pecado.

Pedi-lhe tudo quando quiserdes nesse momento tão cheio de graças. Jesus está disposto a vos dar seu próprio Reino; apraz-lhe poder espalhar seus benefícios. Pedi-lhe, portanto, que reine em vós e nos vossos irmãos pela sua Santidade, e que sua Caridade abrase todos os corações.

Rezai pelas vossas necessidades do dia; pela vossa família; pelo vosso pastor; pelo santo Padre; por toda a Igreja.

Pedi o triunfo da Fé, a exaltação da Igreja Romana, a paz na terra.

Pedi santos Sacerdotes para os povos; religiosos fervorosos para a Igreja; adoradores fiéis de Nosso Senhor na Eucaristia.

Pedi a extensão do Reino Eucarístico de Jesus; a conversão dos pecadores, muito especialmente daqueles que tocam mais de perto à vossa caridade; pedi também por todos os que se recomendaram às vossas orações.

Finalmente, pedi que Jesus seja conhecido, amado e servido por todos os homens.

Antes de vos retirardes, oferecei um ramalhete de amor, isto é, algum sacrifício a praticar no correr do dia. Ao terminar, orai segundo as intenções do Sumo Pontífice, a fim de lucrar as indulgências do dia ligadas essencialmente à Comunhão, e aplicai-as de boa vontade às almas do Purgatório, àquelas, sobretudo, que são mais queridas de Jesus.

Durante o dia, sede qual vaso cheio dum precioso perfume, qual santo que passou uma hora no Céu. Não vos esqueçais da visita régia de Jesus.

III

Maria, recebendo o Verbo em seu seio, oferece-nos um modelo acabado de ação de graças. Adorar a Jesus no vosso coração unindo-vos a ela é o melhor modo de lhe fazer uma recepção agradável, boa e rica em graças.

A adoração de Maria, num momento tão solene, começou por um ato de profunda humildade, enquanto todo o seu ser se aniquilou em presença da soberana Majestade do Verbo e à vista da escolha que recaiu sobre sua humilde serva. Abismou-se ante tamanha

Bondade e Amor para com ela em particular e todos os homens em geral.

Tal, também, o primeiro ato, o primeiro sentimento de adoração após a santa Comunhão. Tal o sentimento de Isabel, recebendo a Mãe de Deus que lhe trazia o Salvador, embora oculto no seio virginal. *"Unde hoc mihi?"* Donde me vem tal felicidade, que tão pouco mereço?

O segundo ato de Maria foi, com certeza, um de gratidão suave à Bondade inefável e infinita de Deus para com os homens, gratidão humilde, por ter sua serva, indigna, porém, felicíssima, recebido graça tão insigne; gratidão que se exala em atos de amor, louvor e bênçãos. Maria exalta a Bondade Divina, pois a gratidão é o âmago do amor — é tudo isso e se expande na pessoa do benfeitor nobre e amorosamente.

O terceiro ato da Virgem Santíssima deve ter sido todo de dedicação; a oferta, o dom de si mesma, de sua vida ao Serviço de Deus: *"Ecce ancilla Domini"*, uma certa tristeza por não poder servi-lo condignamente, por ser coisa tão insignificante, por possuir e poder tão pouco!

Oferece-se, todavia, para servi-lo como Ele mandar, pronta a todo sacrifício que dela reclamar, feliz demais por poder agradar-lhe a qualquer preço e corresponder deste modo ao seu amor para com os homens na sua Encarnação.

O derradeiro ato de Maria foi, sem dúvida, todo de compaixão pelos pobres pecadores, por cuja salvação o Verbo se encarnava. Ela soube interessar sua infinita Misericórdia em seu favor. Ofereceu-se para reparar e fazer penitência em seu lugar, a fim de obter-lhes o perdão e a volta a Deus.

Oh! como quisera eu poder adorar a Nosso Senhor como o adorou sua boa Mãe, já que com ela o possuo na santa Comunhão! Ó meu Deus, dai-me esta boa adoradora por verdadeira Mãe, fazei-me participante de sua graça e desse estado de adoração contínua em relação ao Deus que recebera no seio puríssimo, verdadeiro céu de virtude e de amor. Quero passar meu dia em união com Maria e com Ela não viver senão para Jesus presente em meu coração.

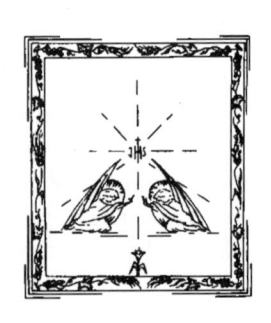

A extensão da Encarnação

"Verbum caro factum est."   "O Verbo se fez Carne."
(Jo 1,14)

I

A Encarnação do Verbo no seio de Maria foi o prenúncio da Eucaristia. O sol radiante das almas, que as há de vivificar e regenerar, levantando-se em Nazaré, atingirá seu esplendor máximo no augusto Sacramento que é o termo do Amor de Deus nesta terra. O grão de farinha divinal, hoje semeado nas entranhas castíssimas de Maria, há de brotar e amadurecer até ser amassado e transformado no Pão celeste. E a Encarnação está de tal forma ligada, nos planos divinos, à Eucaristia, que a palavra de S. João pode ser traduzida do seguinte modo: O Verbo se fez pão, *Verbum caro, Verbum panis*. Se tudo no Mistério da Encarnação foi glorioso para Maria, tudo no Mistério da Eucaristia é glorioso para nós. Pela Comunhão participamos da glória e da honra da Santíssima Virgem.

O prólogo do Mistério da Encarnação passa-se todo entre o Anjo e Maria. Ele lho anuncia e espera seu consentimento. Quanto a nós, o anjo que nos espera à Mesa da Comunhão é o sacerdote; é a Igreja na sua pessoa. Que honra para nós! A Igreja é Rainha e os Anjos servem-na. É também Esposa, e como tal, não somente nos anuncia o Verbo-Eucaristia, mas no-lo traz, no-lo dá. Maria só acreditou na palavra do Anjo pelo prodígio que lhe anunciara. Quanto a nós, podemos crer na palavra da Igreja. É nossa mãe, e somos seus filhos. E que filho perguntará à mãe se o que lhe oferece é pão ou pedra! A Igreja fala. Acreditamos na sua palavra. Demais ela pode, tal qual o Anjo, demonstrar sua missão.

A nova da Comunhão é, portanto, gloriosa para nós, como a nova da Encarnação foi gloriosa para Maria.

II

A condição imposta para a Encarnação foi a Virgindade de Maria. Deus, que só queria uma Mãe virgem, esperou quatro mil anos, enquanto se preparava tão puro tabernáculo. Então operou-se o milagre. O Espírito Santo, descendo em Maria, preservou sua virgindade enquanto a fecundou. Deus faz tanta questão da virgindade nesse plano divino, que a primeira predição feita, o foi a Eva ainda virgem. Da nossa parte Deus pede a pureza de coração, pureza esta que é a vida da alma. E já que não temos virtude alguma digna dele, pede-nos ainda — pelo menos — um respeito profundo, uma humildade sincera. "Senhor, não sou digno de receber-vos; afastai-vos de mim, mísero pecador!" Tal sentimento, agradando a Nosso Senhor, vale por tudo quanto não temos, e Ele, ao chegar-se a nós, suprirá a tudo quanto nos falta. Tenhamos fé, humildade e confiança, e Ele fará tudo o mais.

O Anjo, como prova de sua missão, anunciara a Maria o prodígio da fecundidade de Isabel, acrescentando que "todas as coisas são possíveis a Deus". E a alma, estéril qual Isabel, como ela se tornará fecunda. Impõem-se, todavia, crer nesse Alimento que dá a fecundidade; e recebê-lo, e então se produzirá mais para a glória de Deus, num só dia com a Eucaristia, do que em toda uma vida sem ela.

Mas, para Maria, surge apenas, entre todas as grandezas que o Anjo lhe apresenta, sucessivamente, sua própria fraqueza, seu nada. Seja este nosso modelo. Somos míseras criaturas, indignas dum olhar, sequer, de Deus... Mas, já que Ele se digna chamar-nos, escolher-nos, digamos com Maria: *"Fiat!* Faça-se em mim segundo a vossa palavra".

E, então, o Mistério que se operou em Maria opera-se em nós. No momento da Comunhão, a Eucaristia torna-se verdadeiramente a extensão da Encarnação, a dilatação desse incêndio de Amor, cujo foco se encontra na Santíssima Trindade e que, no seio de Maria, abrasando a natureza humana em geral, só atingiria, todavia, sua plenitude pela união particular a cada filho da humanidade. Em Maria, o Verbo uniu-se à natureza humana. Pela Eucaristia une-se a todos os homens.

Para resgatar-nos, bastava ao Verbo unir a Si numericamente uma só criatura humana. Ele queria ser o único a sofrer, a expiar no Corpo e na Alma, até morrer, sob o peso dos tormentos, em nome de todos. Mas quando essa humanidade já fora toda triturada e se tornara a fonte de toda justificação, Jesus Cristo mudou-a em seu

Sacramento, que a todos oferece, para que todos possam participar dos méritos e da glória do Corpo que tomara em Maria. E agora, basta-nos recebê-lo, e temos mais que Maria, temos o Corpo glorioso e ressuscitado do Salvador, com seus Estigmas de Amor, prova de sua vitória sobre os poderes deste mundo.

E — que maravilha! — recebemos, ao comungar, mais do que Maria recebeu na Encarnação! Ela trazia no seu seio o Corpo passível do Verbo, enquanto nós recebemos seu Corpo impassível e celestial. Ela trazia o Homem de Dores, enquanto nós possuímos o Filho de Deus, coroado de glória. Ele vem também a nós de modo mais consolador. Maria via diariamente passar e diminuir-se o tempo em que havia de possuir nas suas castas entranhas tão precioso fardo, até que, passados nove meses, dele se separou. Quanto a nós, podemos renovar quotidianamente nossa felicidade, recebendo e trazendo em nós o Verbo-Eucaristia, todos os dias de nossa vida.

Ao formar-se em Maria a Humanidade santa do Verbo, o Espírito Santo dotou sua augusta Esposa com os mais ricos dons. O Verbo lhe trouxe, além de sua glória, todas as virtudes reunidas em grau nunca visto até então. E se tal Mistério se tivesse operado repetidamente, ela teria recebido, cada vez, uma dotação nova e superior em magnificências. O mesmo se dá conosco. Cada vez que Nosso Senhor se dá a nós, dá-se com todas as suas graças, todos os seus dons. Enriquece-nos contínua e incansavelmente e, qual outro sol que renasce cada dia com brilho sempre novo, Ele renasce cada dia em nós, com a mesma beleza, a mesma glória do primeiro dia.

"Verbum caro factum est." O Verbo se fez Carne, eis toda a glória de Maria. O Verbo se fez Pão do homem, é toda a nossa glória. Nosso Senhor deu-se à primeira vez a fim de satisfazer seu Amor, e dá-se incessantemente para saciar seu Amor sempre novo e infinito. Ser uma esmola de graças é insignificante para seu Coração, então faz-se Dom, faz-se Pão, e a Igreja no-lo distribui. Poderia, por acaso, fazer mais, ir mais longe? Ou aproximar-nos mais de sua Mãe, não em dignidade, nem em virtudes, mas na efusão do seu Amor, maior, parece, no dom que nos faz do que naquele que fez a Maria? A Santíssima Virgem soube, porém, reconhecer as graças de Deus. Participando da honra que lhe foi feita, saibamos, como ela, amar.

O Pão da Vida

"Ego sum panis vitae." "Eu sou o Pão da Vida."
(Jo 6,35)

Foi o próprio Jesus — e só a Ele pertencia fazê-lo — quem se chamou Pão de Vida. E que nome! Fosse um Anjo obrigado a nomeá-lo, dar-lhe-ia um nome condizente com seus Atributos: Verbo, Senhor, mas nunca ousaria chamar seu Deus de pão! E, no entanto, o verdadeiro nome de Jesus — nome em que Ele está todo, na Vida, na Morte e depois na Ressurreição — é de fato, Pão de Vida. Na Cruz, será, qual farinha, triturado, peneirado, para, depois ressuscitado, ser para nossas almas o que o pão material é para nosso corpo. Na verdade, Jesuis é nosso Pão de Vida.

I

Ora, o pão material, nutrindo-nos, conserva-nos a vida. A alimentação — e sua base é o pão — impõe-se a quem se quiser sustentar e não desfalecer, e nenhum outro alimento é tão substancial quanto este que, por si só, basta. A alma, fisicamente falando, recebeu de Deus vida inapagável. É imortal. Mas a Vida da Graça, recebida no Batismo, recuperada e continuada na Penitência, essa vida de santidade, mil vezes superior à natural, não se sustentará por si só, e seu principal alimento é Jesus-Hóstia. A vida recobrada na Penitência se completará de certo modo na Eucaristia que, purificando-nos das afeições ao pecado, apagará nossas faltas e nos dará forças para cumprirmos com fidelidade nossas boas resoluções, preservando-nos de toda ocasião de pecar.

Nosso Senhor o proclamou: "Quem comer minha Carne terá a Vida em si". Mas que Vida? A própria Vida de Jesus: "Assim como o Pai, que está vivo, me enviou e que Eu vivo pelo meu Pai, assim também quem comer minha Carne, viverá por mim". O alimento comunica, com efeito, sua substância a quem dele participa. Jesus não se mudará em nós, mas nos transformará nele.

Nosso próprio corpo receberá na Comunhão um penhor da ressurreição e, já nesta vida, será mais sóbrio, mais submisso à alma. No túmulo, apenas descansará, conservando em si o germe eucarístico que lhe será, no dia da recompensa, uma fonte resplandecente de glória.

II

Mas não se come somente para sustentar a vida, e sim para adquirir as forças necessárias ao labor do dia. Comer para não morrer é simples prudência. Não basta. Se ao corpo cabe trabalhar, não lhe cabe dispender nesse trabalho sua substância — havia forçosamente de sucumbir —, mas sim o supérfluo, isto é, o que lhe traz a comida. É de lei que não se dá o que não se tem. E o homem que, depois da jornada penosa, só encontrar ao anoitecer uma comida insuficiente, desfalecerá dentro em pouco, por falta de forças.

Ora, quanto mais nós quisermos nos aproximar de Deus e praticar a virtude, tanto mais devemos contar com as lutas e fortalecer-nos cuidadosamente, para não sermos vencidos. Pois bem, para enfrentar as muitas lutas da vida cristã, só a Eucaristia vos dará as forças suficientes, pois, sem ela, tanto a oração como a piedade não tardarão em esmorecer. Que é a vida de piedade, senão uma crucifixão contínua da natureza, o que em si nada tem de atraente? Não iremos ao encontro da cruz, se não nos sentirmos sustentados, forte e suavemente. Portanto, temos por regra geral que a piedade sem Comunhão é uma piedade morta.

Basta consultar-vos a vós mesmos: De que modo tendes cumprido com vossos deveres, ao abandonar a Comunhão? Nem o Batismo, que dá a Vida; nem a Crisma, que a aumenta; nem a Penitência, que a recupera; bastam por si. Estes Sacramentos são apenas uma preparação para a Eucaristia, que os completa e coroa.

Segui-me, disse-nos Jesus. Difícil é, porém, porque requer esforços, e exige a prática das virtudes cristãs. Ora, só quem permanece em Nosso Senhor produz fruto em abundância, e como havemos de permanecer nele, se não lhe comermos a Carne e lhe bebermos o Sangue? *"Qui manducat meam Carnem e bibit meum Sanguinem, in me manet et ego in eo."*

Quando possuo a Jesus em mim, somos dois — Ele e eu — e o fardo dividido, torna-se leve. É isto que leva S. Paulo a exclamar: "Posso tudo naquele que me fortifica". E quem o fortifica é aquele que vive em nós, isto é, Cristo Jesus.

III

Demais, embora não o pareça, o pão contém em si certas delícias, pois quem jamais dele se enfastiou, mesmo quando toda comida se lhe tornou insípida? Pois bem, onde encontraremos a doçura substancial, a não ser neste favo de mel que é a Eucaristia? As piedades que dela não se alimentam com freqüência não são suaves, nem deixam transparecer o Amor de Jesus Cristo. São, antes, duras, austeras, selvagens; não são queridas, nem sabem atrair, porque não foram semeadas no Amor de Jesus. Querem essas almas chegar a Deus só pelo caminho do sacrifício, caminho bom, não resta dúvida, mas perigoso — o arco esticado demasiadamente corre risco de se romper pelo desânimo. A quem segue tal rumo, não falta, na verdade, mérito, mas sim o coração e as ternuras da santidade, que só se encontram em Jesus.

Quereis caminhar sem a Comunhão? Ah! pobre irmão, a própria tradição cristã vos condena! E como podereis rezar o *Pater*, se nesta oração pedis o Pão de cada dia que, por outro lado, quereis dispensar?

Não, sem a santa Comunhão permanecemos no duro do combate, e conhecemos das virtudes o lado árduo, ignorando-lhes o lado atraente; a alegria de trabalhar não somente por si, por amizade, qual filho, sem visar tão-somente à esperança da recompensa. Quem comunga, mas para a glória de Deus, por amor a Ele, compreende facilmente que, muito recebendo, muito deve dar.

É a piedade inteligente, filial, amorosa. Assim a Comunhão torna a alma feliz por entre as maiores provações, feliz duma felicidade doce e serena.

O cume da perfeição está em manter-se unido a Deus por entre as mais violentas tentações interiores. Lembrai-vos, porém, de que quanto mais fordes tentados, mais Deus vos há de amar. Todavia, para não serdes levado pelas tempestades, volvei freqüentemente à fonte da Caridade, a fim de aurir novas forças e purificar-vos cada vez mais na torrente de Graça e de Amor, que é a Eucaristia.

Ide, pois, comungar e comer o Pão de Vida, se quiserdes levar uma vida sã, adquirir forças suficientes para a luta cristã e gozar da felicidade no próprio seio da adversidade. A Eucaristia é tanto pão dos fracos como dos fortes. E se aqueles dela necessitam, estes não necessitam menos, porque trazem seus tesouros em vasos de barro, expostos por todos os lados a inimigos ferozes.

Cabe-nos, portanto, assegurar-nos uma guarda, uma escolta valorosa, um viático que será toda a nossa força. É Jesus, nosso Pão de Vida.

A Comunhão, maná dos Eleitos

"Panem de coelo praestitisti eis, omne delectamentum in se habentem.

"Vós nos destes um pão celeste que contém em si todo sabor." (Sb 16,20)

O maná que diariamente Deus fazia chover sobre o campo dos Israelitas, possuía em si virtudes e sabor variados. Era um pão cheio de suavidade, que reparava as forças depauperadas e revigorava o corpo.

Figurava este maná a Eucaristia, que igualmente contém em si toda a virtude, e é, além de remédio para nossas enfermidades espirituais e força para nossos desfalecimentos diários, uma fonte de paz, de alegria e de felicidade.

I

A Eucaristia, segundo o Concílio de Trento, é um antídoto divino que nos livra das faltas quotidianas e nos preserva dos pecados mortais; é um fogo que consome rapidamente a palha das nossas enfermidades espirituais.

A santa Comunhão é Deus combatendo em nós, contra nossa concupiscência e contra o demônio que nossas paixões suscitam a todo o momento, demônio esse que tem parte em nós pela sua conivência com nossos apetites desregrados. Foi Jesus quem disse: "Ó vós que gemeis sob o peso da escravidão dos pecados passados, vinde a mim, e Eu vos aliviarei, vos libertarei!"

A Penitência lava-nos da nódoa deixada pela culpa. Todavia, embora purificados, ficam-nos sempre as impressões das cadeias, junto à tendência para recair. O demônio afugentado conserva inteligências no local. Então Jesus vem em nós para destruir o que resta ainda dos nossos pecados, contrabalançar nossa inclinação perversa e impedir que o demônio novamente se apodere da nossa alma.

II

A santa Comunhão é mais que um remédio, é uma força, é um auxílio poderoso que nos torna bons, virtuosos e santos.

Adquirir uma virtude cristã é coisa difícil. A virtude é uma qualidade de Jesus que devemos revestir; é uma educação divina; são os costumes de Jesus que se tornarão nossos. Ora, na Santa Comunhão Jesus forma-se a Si mesmo em nós, torna-se nosso próprio Mestre. Desperta, pelas inspirações do seu Amor, a gratidão que lhe devemos como ao nosso benfeitor, o desejo de nos tornar semelhantes a Ele, o pressentimento da felicidade que está em imitá-lo e viver de sua própria Vida.

Quão encantadora é a virtude na escola da Comunhão! Quão fácil é a humildade a quem comunga e vê o Deus da glória humilhar-se ao ponto de se chegar a coração tão pobre, a espírito tão ignorante, a corpo tão miserável!

Quão fácil é a mansidão à sombra da Bondade tão terna de Jesus, que se dá a nós na brandura do seu Coração! Quão belo é nosso próximo, quando o vemos nutrido desse mesmo Pão de Vida, assentado à mesma Mesa e amado efusivamente por Jesus Cristo!

Quão despida de toda amargura é a penitência, a mortificação e o sacrifício a quem recebeu Jesus Crucificado! Quão imperiosamente se faz sentir a obrigação de abraçar a Vida daquele que o salvou e lhe deu a Eucaristia!

A formação do cristão é muito mais rápida no Cenáculo, do que em qualquer outra escola. É porque, na Comunhão, todas as graças operam de uma vez; todas as virtudes do Salvador refletem-se em nossa alma sob a ação poderosa do Sol de Amor que está em nós e cuja luz nos penetra, cujo fogo em nós arde. Ouçamos-lhe as palavras: "Quem comer o meu Corpo e beber o meu Sangue, permanecerá em mim e Eu nele!" É, portanto, a coabitação de Jesus no comungante e do comungante em Jesus, uma sociedade de duas vidas, uma mesma Vida em duas pessoas, uma união inefável de Amor.

III

A santa Comunhão é felicidade. Porquanto, que é felicidade senão a posse dum Bem Infinito, a posse real e permanente de Deus? Ora, tal é o fruto divino da santa Comunhão.

É paz. Jesus é o Deus da paz. Depois de ter comungado os Apóstolos, disse-lhes: "Dou-vos a minha paz.

Deixo-vos a minha paz", não a paz por entre as inquietações e os turbilhões do mundo, mas a paz de Deus, tão suave que excede a todo o sentimento. Uma palavra sua, e à tempestade sucede a bonança. Um olhar seu, e nossos inimigos, atemorizados, se dissipam.

É doçura. É o maná verdadeiro que, contendo em si toda suavidade, satisfaz plenamente nossos desejos. É o perfume celestial do belo lírio do vale, que nos arrebata em Deus.

A presença de Jesus Cristo causa à alma humilde e recolhida certo estremecimento. Sob a ação desse Sol de Amor, ela se dilata, gozando dum bem-estar, duma agilidade, duma força de união e adesão a Deus que não lhe são naturais. Sente Jesus em todo o seu ser. Considera-se qual paraíso em que Deus habita, ambicionando formar-lhe a corte e repetir todos os louvores, ações de graças e bênçãos que os Anjos e os Santos lhe entoam na Glória.

Feliz momento o da Comunhão, que nos faz esquecer o exílio com todas as suas misérias! Repouso suave da alma sobre o próprio Coração de Jesus. O divino Mestre bem sabia que, por vezes, seria para nós uma necessidade gozar da doçura do seu Amor. Impossível nos é permanecer sempre no Calvário da dor ou pelejar continuamente no campo de batalha. A criança precisa do regaço da mãe e o cristão do Regaço de Jesus.

A virtude, portanto, sem a Comunhão, é semelhante à força do leão. Resulta do combate e da violência e, por isso mesmo, é dura. Para que adquira a mansidão do cordeiro, é mister beber o Sangue do Cordeiro imaculado e comer o Mel do Deserto.

É a felicidade, afinal, que faz o amor. Só amamos aquilo que é suscetível de nos tornar felizes. Não procureis, por conseguinte, alhures essa felicidade divina. O Salvador não a pôs nem nas virtudes, nem nos mistérios, mas em Si Mesmo. É preciso comê-lo a Ele para dela fruir, plenamente. "Provai, e vereis quão suave é o Salvador", diz-nos o profeta. E Nosso Senhor acrescenta por sua vez: "Quem comer a minha Carne e beber o meu Sangue, terá a Vida Eterna". E a Vida Eterna é o Céu, é a santidade beatificada em Jesus Cristo.

As virtudes do Salvador, os diversos Mistérios de sua Vida e de sua Paixão, são, portanto, meros caminhos, que nos devem levar ao Cenáculo eucarístico. Lá, e só lá, estabeleceu Jesus sua morada permanente nesta terra. Lá, portanto, fiquemos, vivamos e morramos.

A Comunhão, alegria do espírito

"Et exsultavit spiritus meus in Deo salutari meo."

"Meu espírito se alegrou em Deus meu Salvador."
(Lc 1,47)

I

Deus, querendo nutrir nosso espírito, deu-lhe o Pão Divino. É a Eucaristia anunciada pelas Sagradas Escrituras: "Nutrir-lhes-ei com o Pão de Vida e Inteligência".

Ora, não há na terra alegrias superiores às do espírito. O contentamento do coração é mais passageiro, por se apoiar no sentimento, sujeito que é a alterações fáceis. A verdadeira alegria é a do espírito, que consiste no conhecimento sereno da Verdade.

Às almas grosseiras e aos espíritos levianos nada regozijará espiritualmente. As almas piedosas, mas não recolhidas, tampouco sentirão o verdadeiro gozo espiritual. O grande obstáculo ao reinado de Deus na alma é o espírito leviano. Se quiserdes provar a Deus e gozar de sua Presença, é preciso recolher-vos e meditar, e ainda assim as meditações que não se baseiam na Comunhão não vos proporcionarão verdadeira felicidade, e vos deixarão sempre sentir os sacrifícios sem número que ocasionam. Jesus Cristo reservou-se para Si o privilégio de vos fazer gozar verdadeiras alegrias. E a alma que raras vezes comunga, não permite a Deus nela permanecer eficazmente. Aquela, porém, que o recebe freqüentemente, também mais freqüentemente e mais longamente se demora em sua presença. Vendo-o, contemplando-o à vontade, acabará por conhecê-lo bem e, conhecendo-o, nele se alegrará.

Na Comunhão gozamos de Nosso Senhor em si; Jesus manifesta-se mais radicalmente a nós, mantemos com ele relações íntimas, que nos levam ao conhecimento real e aprofundado do que Ele é. A Fé é luz; a Comunhão, luz e sentimento.

II

Esta manifestação de Jesus pela Comunhão, abrindo-nos o espírito, comunica-lhe uma aptidão toda especial para penetrar cada vez mais as coisas divinas. Assim, como Deus dá aos Eleitos o poder de contemplar, sem deslumbramento, sua Essência e Majestade, Jesus, na Comunhão, aumenta-nos o poder de compreensão ao ponto de ser imensa a diferença, numa mesma pessoa, antes e depois de comungar. A criança, ainda por fazer a primeira Comunhão, percebe as palavras e o sentido literal do seu Catecismo, mas depois de fazê-la, passando seu espírito por uma transformação, compreendendo e sentindo, ambiciona um mais profundo conhecimento de Jesus Cristo. Podeis contar-lhe todas as Verdades e a encontrareis forte e disposta a ouvi-las.

Como explicar semelhante fenômeno? Antes da Comunhão, falam-vos em Jesus Cristo, que já conheceis na sua Cruz, nas suas Dores, e isso, na verdade, vos emociona, vos enternece. Mas estas mesmas Verdades, se forem expostas depois da Santa Comunhão, ah! como se há de comover a vossa alma, que, pela melhor compreensão do Mistério, se torna insaciável. Antes da Comunhão contemplava a Jesus de fora; agora contempla-o de dentro, e com seus próprios olhos!

É o mistério de Emaús que se renova. Jesus Cristo, ao caminhar, instruía os dois discípulos, explicava-lhes as Sagradas Escrituras; sua Fé, porém, permanecia cambaleante, embora sentissem certa emoção secreta. Uma vez, porém, que participaram da Fração do Pão, abriram-se-lhes os olhos, dilatara-se-lhes o coração. A voz de Jesus não bastara para manifestar-lhes sua Presença. Precisavam sentir-lhe o Coração, nutrir-se do verdadeiro Pão da Inteligência!

III

Em segundo lugar, essa alegria do espírito, essa manifestação que, pela Comunhão, faz Jesus de si mesmo, produz em nós o gosto de Deus, sentimento esse que nos conduz às suavidades do seu Coração, nos introduz no santuário do seu Espírito, e no-lo dá a conhecer antes pela impressão do que pelo raciocínio, enquanto sentimos um atrativo mais forte pelo Santíssimo Sacramento e por tudo o que lhe diz respeito e penetramos sem dificuldade em Jesus Cristo. Tal facilidade, tal atrativo é um quase mistério, é a graça própria da Comunhão. É o espírito de família que se estende a Deus. Donde provém, nas famílias, a unidade de sentimento, de costumes, de vistas? Do espírito de família, desse amor, que leva seus membros a se amarem uns aos outros. É o vínculo da família natural.

A Comunhão conduz-nos ao Amor, ao Coração de Nosso Senhor. Revestimos o espírito de seu Amor, de seus Sentimentos, de seu Juízo. Não é, com efeito, a graça inicial da Comunhão uma graça toda de recolhimento que, fazendo-nos penetrar em Jesus Cristo, nos leva a tratar com Ele na santa intimidade? Digo intimidade, porque a quem não comunga, a Fé só revela a vestimenta, o aspecto exterior de Jesus Cristo. Assim como é preciso provar o mel para apreciar-lhe a doçura, assim também é preciso provar a Jesus Cristo, para conhecê-lo bem. Então poderemos exclamar com um grande Santo: "Conheço melhor, por uma só Comunhão, a verdade de Jesus Cristo, sua existência e suas perfeições, do que por todos os raciocínios possíveis".

A vida é tão curta — frisai bem este ponto — que se devêssemos chegar ao conhecimento da verdade em geral, e à de Deus em particular, unicamente pela demonstração da razão, poucas verdades alcançaríamos. Mas Deus quis nos revelar muita coisa pela simples impressão; doou-nos dum instinto não arrazoado, pelo qual distinguimos o bem do mal, o real do falso. Deu-nos simpatia e antipatia. Ora, ao procurarmos aprofundar o conhecimento de Nosso Senhor, sentimos primeiro sua Bondade para daí descobrir suas outras qualidades, antes pela contemplação, pela vista da alma, pelo instinto, do que pelo raciocínio.

É defeito de muitos quererem sempre raciocinar na ação de graças — oração por excelência — e por falar demais, paralisam o efeito de suas Comunhões. Não é o momento do esforço, e sim do gozo. Atendei a Nosso Senhor, que então se dá a conhecer por Si mesmo: *Et erunt docibiles Dei.* Como ensina a mãe ao filhinho seu Amor, sua bondade sem par? Pela sua dedicação, pelo seu amor. Assim procede Deus na Comunhão. Quem não comunga — lembrai-vos bem — jamais conhecerá o Coração de Nosso Senhor, nem toda a extensão do seu Amor. O coração só se dá a conhecer por si mesmo, é preciso senti-lo, sentir-lhe as pulsações.

Às vezes vossa alma não terá alegria espiritual alguma na santa Comunhão. Paciência. O Sol se eclipsa, mas permanece em vós e se fará, certamente, sentir quando for preciso. Digo mais, já se faz sentir. Não vos penetra uma paz e um desejo de glorificar sempre mais a Deus? E que é isso, senão a pulsação do Coração de Nosso Senhor em vós?

IV

Finalmente, Nosso Senhor, manifestando-se na santa Comunhão, torna sua presença e seus colóquios necessários à alma, porquanto nada mais é capaz de alegrar a alma que uma vez conheceu a Nosso Senhor e dele gozou. As próprias criaturas deixam-na fria e indiferente, pois compara-as com Jesus. É que Deus lhe deu uma sede que ninguém, nem nada de criado, saberá saciar.

Tem sede de Jesus, e de sua glória. Caminhar sempre, sem jamais se deter para gozar do repouso terreno, tal é sua divisa. Não suspira senão por Jesus, que a leva de claridade em claridade. Jesus é inexaurível: quem o come, dele não se sacia nem o esgota, mas quer abismar-se cada vez mais no seu Amor.

Ah! vinde repetidamente gozar dele na sagrada Comunhão, se realmente quereis compreender a Nosso Senhor.

Receio abusar, direis. Abusam, por acaso de algum modo, os Eleitos, gozando de Deus? Ah! jamais gozarão o bastante. *Gustate*, provai o Senhor, e haveis de ver; e depois de terdes comungado, haveis de compreender. Que desgraça não acreditarem em nossa palavra. Querem julgar unicamente pela fé. Mas que provem a Jesus, e depois julguem! Se os próprios incrédulos se preparassem devidamente para receber a Jesus Cristo, haviam de compreender mais depressa e com maior facilidade do que com todas as palavras e todos os raciocínios do mundo. O ignorante, que comunga bem, sabe mais do que o sábio, cheio de erudição, que não comunga.

Em resumo, direi que a felicidade da inteligência, no seu grau máximo, está na Comunhão e que, quanto mais freqüente for esta, maior será o júbilo espiritual. O único princípio da felicidade é Deus; nele só a encontraremos, e Ele para si guardou o privilégio de no-la comunicar.

E quão ditoso é para nós termos de nos chegar a Ele para encontrá-la, pois desta maneira não nos entregaremos aos homens, nem os consideraremos como nosso fim. O próprio sacerdote não vos poderia tornar feliz. Torna-vos, sim, participantes dos frutos da Redenção, purifica-vos das culpas do pecado, dá-vos a paz duma consciência pura, mas não vos saberá dar nem felicidade, nem alegria.

Maria Santíssima, Mãe das Misericórdias, vos porá novamente no bom caminho e apaziguará a Cólera de seu Filho irritado contra vós. Só Deus, porém, vos dará alegria e felicidade. Os Anjos o proclamaram aos pastores: "Dou-vos uma grande nova: Aquele que é a causa e fonte de toda alegria, o Deus Salvador, nasceu-vos!"

Regozijemo-nos! Esse Salvador continua no Altar, pronto a derramar em nossos corações, ao chegar-se a nós, tanta alegria e felicidade, quanto poderemos tolerar até gozarmos das alegrias inenarráveis e sem fim, da Pátria Celeste.

A Comunhão e a lei do amor

"Dabo legem meam in visceribus eorum, et in corde eorum scribam eam."

"Hei de gravar-lhes a minha Lei no íntimo do coração" (Jr 31,33)

A Comunhão não somente nos ilumina o espírito, em virtude duma graça especial, revelando-nos antes pela impressão que pelo raciocínio tudo quanto é Nosso Senhor, mas, sobretudo, revela ao coração sua lei de Amor.

A Eucaristia é, por excelência, o Sacramento do Amor. Se os outros, na verdade, são provas do Amor de Deus para conosco, não passam, todavia, de simples dons. Mas, na Eucaristia, recebemos o Autor de todos os dons: o próprio Deus. É, portanto, mormente na Comunhão, que aprendemos a conhecer a lei de amor que Nosso Senhor nos veio revelar; ali, que recebemos a graça toda especial do amor; ali, finalmente, que encontramos, mais que alhures, o exercício, a virtude do amor.

I

Em primeiro lugar, que é o amor? É o dom. E, por isso, é que, no mistério da Santíssima Trindade, o Espírito Santo, que procede do Padre e do Filho como Amor, é propriamente o Dom.

E como se pode reconhecer o amor? Pelo que dá. Ora, vede o que Nosso Senhor nos dá na Eucaristia. Dá-nos todas as suas graças, todos os seus bens. E dá-se a Si mesmo, origem de todo o dom. A Comunhão torna-nos participantes dos Méritos da sua Vida inteira, e já que recebemos o dom total e perfeito, somos obrigados a reconhecer o Amor de Deus para conosco.

Como começastes a amar vossa mãe? Existia em vós um germe, um instinto de amor que dormia sem sinal de vida. O amor de vossa mãe despertou-o; ela vos dispensou seu carinho, deu-vos seus sofrimentos, nutriu-vos com sua substância. E, tão generoso dom, revelou-vos seu amor.

Pois bem! Nosso Senhor, dando-se todo inteiro a vós — e a vós, em particular —, dá-vos uma prova irrefutável do seu Amor pessoal e infinito. Ele está na Eucaristia todo para vós. E, se outros há que, também dele gozam, é do mesmo modo que, se aproveitando do sol, não vos impedem a vós de fruir dos seus raios na medida dos vossos desejos.

Ah! quão bem gravou Deus, pela santa Comunhão, sua lei de amor em vossos corações! Outrora, Ele dissera: "Não mais escreverei minha lei numa tábua de pedra, mas sim com caracteres de fogo, nos vossos corações". Quem não conhece a Eucaristia, não conhece o Amor de Deus — quando muito, conhece alguns dos efeitos que produz, qual mendigo que percebe a liberalidade do rico pelas moedas de dinheiro que dá. Mas, na Comunhão, o cristão vê-se amado pela potência de Amor de que Deus dispõe, por Si mesmo. Se, portanto, quereis, na verdade, conhecer todo o Amor de Deus para convosco, recebei a Eucaristia, e depois, contemplai-vos a vós mesmos. Não precisais procurar alhures outros testemunhos.

II

A Comunhão dá-nos a graça do amor, graça toda especial, em virtude da qual amamos a Nosso Senhor com um amor de amizade — graça esta que Jesus traz consigo ao chegar-se a nós, enquanto deposita em nossa alma o objeto desse mesmo amor, isto é, Ele mesmo. Antes da Ceia, Nosso Senhor não pede a seus discípulos um amor semelhante ao seu, nem manda tampouco, que permaneçam no seu Amor. Seria pedir-lhes demais, e eles não teriam compreendido. Mas, depois da Ceia, não somente Jesus lhes diz: "Amai a Deus e a vosso próximo", mas ainda: "Amai-me com um amor fraternal, familiar, com um amor que seja vossa vida e a lei dessa mesma vida". *"Non jam dicam vos servos, sed amicos meos."*

Ah! se não comungardes, podereis, é verdade, amar a Nosso Senhor enquanto Criador, Redentor e remunerador vosso, mas nunca enquanto amigo! A amizade baseia-se na união e em certa igualdade. E só encontramos estas duas coisas em Deus na Eucaristia. Quem ousaria chamar-se amigo de Deus e julgar, por acaso, merecer sua afeição particular? Para que o servo possa tratar seu amo de amigo, sem o insultar, é preciso que, primeiro, este lhe dê o direito de fazê-lo, chamando-o, primeiro, de amigo. Mas, quando o próprio Deus penetra em nosso lar; quando vem formar conosco sociedade de vida, de bens, de méritos; quando dá todos os primeiros passos, não é mais ousadia minha chamá-lo, com toda razão de amigo. Assim, é que, depois da Ceia, Nosso Senhor declara aos Apóstolos reunidos: "Não vos chamarei mais servos". Qual será então seu nome? Glória de Deus, Força de Deus, Remédio de Deus, com os Arcanjos? Não. Mais ainda. Chamar-vos-ei amigo. "Sois meus amigos já que tudo quanto recebi do meu Pai Eu vo-lo dei." Sois meus amigos, já que vos confiei meu segredo real.

E fará ainda mais. Aparecendo a Madalena, dir-lhe-á: "Ide anunciar a meus irmãos...." Seus irmãos. Será possível? E, se os Apóstolos só tinham comungado uma única vez, que será daqueles que, como nós, o recebemos tantas vezes?

Quem receará ter um amor terno e afetivo por Nossos Senhor? Se, antes da Comunhão, pensando no que sois e naquele a quem ides receber, estremecerdes, está bem. É porque sua Misericórdia ainda vos é necessária.

Mas, depois da Comunhão, regozijai-vos. Não há mais lugar para receios. A alegria sucedera à humildade. Notais o júbilo de Zaqueu ao aceitar Nosso Senhor sua hospitalidade, mas notai também como essa recepção lhe abrasa o coração. Está disposto a tudo sacrificar e a reparar seus erros um sem-número de vezes.

Quanto mais comungardes, tanto mais ardente será vosso amor, mais largo vosso coração, mais terna e ardente vossa dedicação, porque mais imenso será o foco desse mesmo amor. Jesus deposita em nós sua Graça de Amor, cujo fogo vem atear em nossos corações e avivar com suas freqüentes visitas, e cuja Chama devoradora quer alastrar. É o carvão ardente que nos inflama: *Carbo qui nos inflammat*.[1] Tal fogo não se apagará se não quisermos, porque não somos nós que o entretemos. É o próprio Jesus Cristo que lhe dá força e ação. Se, portanto, não o abafardes voluntariamente, pelo pecado, arderá sem jamais se extinguir.

Que podeis esperar, pobre cristão, que comungas uma só vez por ano? Ah! chegai amiúde vossa flâmula a essa fornalha: — por que não todos os dias? Julgais, por acaso, que podeis arder se não atiçardes o fogo?

III

A Comunhão leva-nos a exercer a virtude do amor, já que o amor real e perfeito só nela se exerce plenamente. O fogo que não se alastra, apaga-se. Ora, Nosso Senhor, ambicionando nosso amor e sabendo quão incapazes somos de lho dar, dá-nos seu próprio Amor e vem amar em nós. Então, trabalhamos num objeto divino. Então, sem passagem nem transição, encontramo-nos incontinente, em presença da graça e do objeto do amor. Então, nossos impulsos amorosos na ação de graças são mais puros, mais ardentes, pelo contato com seu autor. Ah! expandi-vos, nesse momento, em Nosso Senhor, amai-o ternamente; não procureis praticar atos de determinada virtude, mas fazei com que Nosso Senhor cresça em vós. Dilatai-vos. Associai-vos a Ele. Tomai-o qual fundo de reserva espiritual. Em se dobrando o capital, também se dobrarão os lucros. Trabalhando com e sobre Nosso Senhor, tirareis vantagem maior, e bem

---

1. S. João Crisóstomo

maior, do que se trabalhásseis unicamente para, por atos multiplicados, aumentar vossas virtudes.

Recebei Nosso Senhor, conservando-o o mais possível junto a vós. Seja grande seu quinhão. Dilatar a Nosso Senhor em si é o meio mais perfeito de exercer o amor. Se, dum lado, o amor penitente e padecente é bom e meritório, por outro lado, encolhe o coração à vista dos sacrifícios que surgem a todo o momento. Mas, aqui, pelo contrário, o coração se dilata, numa expansão plena e franca. Desabrocha.

Quem não comunga jamais compreenderá tal linguagem. Abrir-se-ão, porém, os olhos daquele que se lançar, embora de leve, nesse fogo divino. Ah! não basta crer na Eucaristia. É mister proceder de acordo com suas leis. Ora, a Eucaristia é, antes do mais, Sacramento de Amor.

E Nosso Senhor manda que participemos desse Amor e nele nos inspiremos. Cheguemo-nos, pois, a Jesus, movidos por afeição. Humilhemo-nos, sim, mas que o sentimento dominante seja o amor, ou o desejo de amar na verdade. Aspiremos a expandir-nos em seu Coração. Testemunhemo-lhe nossa ternura, nosso afeto e, então, nos será dado perceber todo o Amor que encerra a adorável Eucaristia.

O Sacramento da Bondade de Deus

"In funiculis Adam traham eos, in vinculis caritatis."

"Atraí-los-ei a mim com os vínculos com que se atraem os filhos de Adão, com os vínculos da caridade." (Os 11,4)

I

A alma que recebe dignamente esse divino Sacramento experimenta uma alegria e uma doçura tais que, na verdade, só podem ser encontradas na Eucaristia. E por que insiste Deus em nos comunicar sua Suavidade? Porque uma única coisa é suscetível de provocar nosso afeto: Sua Bondade. A simpatia só existe entre iguais. Os poderosos vêem-se cercados pelos invejosos. O Rei só terá amigos se os escolher... Trememos ante o Poder de Deus e sua Santidade não basta para nos granjear a afeição. Unicamente sua Bondade conquista-nos o amor. Sabemos que Ele nos quer salvar e se abaixa até nosso nada. Não são, justamente, os Mistérios da Vida de Nosso Senhor, em que sua Bondade se patenteia mais terna, mais expansiva, os que mais excitam nosso amor? Só a

Bondade de Deus é capaz de nos apegar a Ele com perseverança. Onde é Nosso Senhor adorado na terra com amor forte? Os Reis Magos adoraram-no no seu presépio, vendo-o tão encantador. O cego de nascença, sensibilizado pelo Amor que Jesus lhe testemunha, quer segui-lo. O coração de Madalena, cujos pecados foram todos perdoados, abrasa-se por Ele, num amor que jamais se apagará. Nosso Senhor, de fato, lhe demonstrara tanto Amor!... Ah! só a bondade nos atrai. A Igreja, com seu tino habitual das coisas divinas, diz, numa oração: *"Deus, cujus natura bonitas"*. "Ó Deus, cuja natureza é Bondade..." Mas não pertencem igualmente os demais Atributos divinos à Essência de Deus? Sim, Ele está todo inteiro em todos e todos são iguais; mas, aqui na terra, e para nós, criaturas humanas, a natureza de Deus é ser Bom. *"Deus, cujus natura bonitas."*

II

À vista disso devemos, portanto, amar mais a Nosso Senhor aí onde Ele nos dá maior prova de Bondade. Ora, não é no Santíssimo Sacramento, na santa Comunhão, que sua Bondade se manifesta com maior esplendor? Nas palavras do Concílio de Trento, Deus derramou nesse Sacramento e com profusão, as riquezas do seu Amor: *"Divitias divini sui erga homines amoris velut effudit"*. Deus não pode fazer mais do que se dar a nós. É, portanto, o termo do seu Amor. Pela Comunhão, recebemos Jesus Cristo, enquanto Deus e enquanto Homem. Ele traz-nos os Méritos de sua Vida mortal, e de todos os seus estados; a Redenção com todos os seus frutos; o próprio penhor da glória futura. Deus nos dá a soma mais elevada de felicidade que nos pode dar cá na terra. E essa felicidade se faz sentir. Urge que dela provemos. Sem a suavidade dessa união divina dificílimo é conservar o estado de Graça. A Penitência, sarando-nos, cria-o em nós. Mas é remédio violento, vitória custosa que nos lega o tédio da luta; sacramento que, dando-nos nova vida, não no-la conservará por largo tempo. E se não nos adiantarmos ficaremos sempre na convalescença.

Quem nos dará a plenitude da Vida, tornando nossas almas viris? A Comunhão. É o bálsamo, o calor suave benfazejo, o leite de Nosso Senhor, como diz o Profeta: *"Ad ubera portabimini"*. A Eucaristia — e só ela — nos dará, depois da Penitência, a paz verdadeira. É dos próprios lábios de Nosso Senhor, que ouviremos essas palavras de ânimo: "Ide em Paz, e não pequeis mais", palavras que, brotando do seu Coração, recaem sobre o nosso, ulcerado e dolorido, qual orvalho celeste.

A Comunhão produz a firmeza na perseverança. Nada desanima-nos tanto quanto a estrada longa, estendida à nossa frente. É esta a tentação ordinária dos principiantes, que os leva a exclamar: "Nunca poderei perseverar tanto tempo!" O remédio, se quiserdes na verdade perseverar, está em receber a Nosso Senhor!

É possível, a quem não comunga, conservar-se em estado de Graça para o Céu — mas o Céu está tão longe! A vida de Fé, neste caso, não passa de um sacrifício contínuo, duma luta sem trégua e sem alívio. Não encontramos uma força positiva, animadora, antes, nos assemelhamos ao visitante que, longe do seu país, à vista da estrada a percorrer, levado pela fadiga, cai desanimado.

Com comunhões raras, dificilmente se conservará por muito tempo o estado de Graça, e se caso se conserve, não será nem puro nem belo: a poeira do caminho cobriu-o e ofuscou-lhe o brilho. Assim ensina a experiência.

Mas se comungarmos, quão mais fácil nos será guardá-lo em toda a sua pureza, e conservá-lo cuidadosamente, não para um fim remoto, mas sim para amanhã, para hoje. É a túnica de honra que dá direito de entrada ao banquete celeste. Movidos pelo amor, evitemos o pecado a fim de não ficarmos privados da santa Comunhão, que, destarte, se torna barreira segura contra o pecado — pecado voluntário — que evitaremos até a morte.

Como poderá a alma que comunga diariamente — e faz questão de sua Comunhão — consentir na tentação. Sabe que o pecado a priva daquilo que tanto deseja e a Comunhão próxima, surgindo em sua frente, sustenta-a, anima-a e impede-a de cair.

Confesso não compreender o estado de Graça sem a Comunhão freqüente. É este, aliás, o espírito da Igreja, que nos anima à Comunhão cotidiana pela voz do Concílio de Trento. Há quem sustente ser necessário muita prudência no caso e que, se de fato, a Igreja, na teoria, tem razão, na prática, é preciso não abusar de semelhante conselho. Basta, afirmam, para os fiéis, em geral, a Comunhão nos dias de festa. Então a Eucaristia, recebida com intervalos tão longos, será uma comida extraordinária. E que será da comida ordinária, do pão de cada dia, indispensáveis ao meu sustento? Como entreter em mim o amor de Deus, vida e mérito das virtudes cristãs?

Como perdeu a Europa a sua Fé? Ah! foi por ter deixado de todo, ou quase, a Comunhão. O Jansenismo afastou os fiéis da Mesa Sagrada, fê-los perder o sentido de Jesus, o sentido da fé e do amor: ficaram entorpecidos, paralisados até cair de inanição. Como os atrair novamente? Dando-lhes o Pão substancial que lhes oferece a Igreja, reanimando-os ao contato da chama eucarística, colocando-os sob o influxo desse sol vivificador. Quantos livros se escrevem para reavivar a Fé no povo! Quantos raciocínios se empregam! Mas esta não é tanto um raciocínio, é antes uma graça. Ide procurá-la na sua fonte, na Mesa Sagrada!

A Comunhão torna, pois, o estado de Graça amado, facilita-lhe a continuidade, porquanto Jesus Cristo é seu fim próximo e direto. Por alimentar em nós o amor de Deus, torna as virtudes constantes e fáceis, e por lhes dar um fim vivo e animado, torna-as também suaves e agradáveis. Não é possível aconselhar demasiadamente a Comunhão freqüente, não constitui abuso. O filho que visita o pai, que o procura a todo o momento, por acaso abusa? Tampouco abusará o fiel em relação a Nosso Senhor.

Preparemo-nos, pela Comunhão, para o Paraíso, onde receberemos perpetuamente a Nosso Senhor, onde viveremos do seu conhecimento e do seu amor. Comunguemos bem, aqui na terra, a fim de poder fazê-lo bem no Céu. A Comunhão, recebida freqüentemente, e nas devidas disposições, é penhor seguro da salvação eterna.

O Sacramento de Vida

"Nisi manducaveritis Carnem Filii Hominis, et biberitis ejus Sanguinem, non habebitis vitam in vobis.

"Se não comerdes a Carne do Filho do Homem e não lhe beberdes o Sangue, não tereis vida em vós."
(Jo 6,54 - Vulg.)

Ao ver dos Padres, a Encarnação é uma segunda criação. Criados de novo e reabilitados em Jesus Cristo, nele recobramos nossa vida, nossa dignidade: *Recreati in Christo Jesu*.

E se isso se aplica à Encarnação, aplica-se também à Eucaristia, que lhe é um complemento, uma extensão, pois nela recobramos a Vida, Vida Divina, que o pecado original destruíra na humanidade.

Jesus Cristo declarou: "Quem me comer terá a Vida em si", acrescentando: "Se não comerdes a Carne do Filho do Homem e não lhe beberdes o Sangue, não tereis a Vida em vós". Mas essa Vida Divina, não no-la dará o Batismo, tornando-nos filhos de Deus? E não no-la fará recuperar a Penitência, quando tivermos a desgraça de perdê-la pelo pecado? Que significam, então, estas palavras de Nosso Senhor, confirmadas por juramento?

Haverá ali uma contradição na doutrina católica? Aparentemente, talvez. De fato, não. A Eucaristia é Sacramento da Vida, porque nos dá a perfeição da Vida e no-la dá no seu pleno desenvolvimento. A criança que acaba de nascer tem, não há dúvida, vida. O enfermo que entra em convalescença tem, igualmente, vida. Mas, deixai aquela, a sós e sem cuidados; deixai este sem remédios e alimentos próprios do seu estado, e vereis que, dentro em breve, a criança perderá a vida que acaba de receber, enquanto o doente definhará. Se o Batismo e a Penitência nos dão a Vida, por si não bastam para entretê-la. Assim é que Nosso Senhor, ao ressuscitar a filha de Jairo, manda que lhe dêem comida. A vida, e aquilo que a sustenta, são inseparáveis. Por conseguinte, se não quisermos desfalecer a todo momento, é preciso comungar. De outro modo, como poderá o cristão viver vida angélica? Podemos, é certo, estando em estado de Graça, trabalhar e acumular méritos para o Céu, mas, como perseverar longamente sem o Manjar dos Fortes? Nenhum outro meio dará forças suficientes para sustentar o rude combate que, cada dia, se renova.

A oração, embora boa e necessária, sem a Comunhão que vos sustente, torna-se cansativa e acabareis por deixá-la. Para viver da penitência, para caminhar sempre adiante, na vereda cruciante da morte a si mesmo, é preciso obedecer a um impulso divino, e esse impulso é a presença, em vosso coração, de Jesus Sacramentado.

O exemplo dos anacoretas, em pleno deserto, parece contradizer semelhante afirmação. Mas é coisa sabida que, aos domingos, eles vinham ao seus mosteiros, receber a santa Comunhão, que lhes era mais necessária que aos outros, para poderem progredir sempre no seu santo estado. E não receio afirmar que, quanto maior for o nosso desejo de levar uma vida santa, quanto mais puros nos quisermos conservar, mais imperiosa necessidade temos da Comunhão freqüente, pois tal vida requer sacrifícios maiores, forças mais enérgicas. Se muito temos de trabalhar, muito devemos comer. Considerai a Comunhão como meio de vos sustentar, de vos fortificar, e não como mero ato de virtude elevada e difícil, nem tampouco como recompensa das vossas virtudes. Deveis comungar não porque sois santos, mas para vos santificardes. É esse o princípio da Comunhão. Ide, por conseguinte, comungar, pois sois fracos e estais abatidos sob o peso da vida cristã. É Jesus Cristo quem vos convida: "Vinde a mim, vós todos que estais sobrecarregados, e Eu vos aliviarei". E se, por acaso, a Comunhão não nos descansar, não nos refizer, é porque vemos nela um ato de virtude árdua; é porque nos cansamos por mil atos tediosos. Numa palavra, tornamo-la um trabalho penoso, e não um alimento e um descanso. Recebei a Nosso Senhor calmamente. Por que tanta agitação? O banquete não é lugar para tratar de negócios. Ah! degustai esse alimento celeste! E já que comeis o Pão dos Anjos, permanecei um instante como eles, em santa contemplação.

Mas, em geral, sem tomar o tempo necessário para degustar Nosso Senhor, vós vos retirais inquietos, porque nada ressentistes. Mas imitai, em vossa alma, os Cartuxos, que se deitam ao pé do altar, durante a ação de graças. Almas piedosas há que alegam não tirar proveito algum das Comunhões, porque nada sentem. É juízo falso. Se viveis, aproveitais. O sinal de uma boa Comunhão não está necessariamente nos atos heróicos das virtudes, nos sacrifícios custosos. A Eucaristia é força ou doçura. No Antigo Testamento é ora figurada qual um pão, contendo em si toda suavidade, ora qual outro, misterioso, oferecido a Elias desanimado, para fortificá-lo na sua marcha, ora qual nuvem no deserto, que refresca durante o dia, ilumina e aquece durante a noite. Tal a Eucaristia. Se vos faltam forças, ela vo-las dará; se a fadiga vos oprime, ela vos fará descansar. Será sempre e essencialmente um socorro proporcionado às necessidades de cada qual.

Se quiserdes robustecer-vos e possuir em vós vida em abundância — e ela vos é necessária — comungai. "Quem crê em mim, se salvará", diz o Senhor, mas ao falar na Eucaristia, diz: "O que me comer, terá a Vida", isto é, a vida em abundância — não um fio de vida, mas a fonte, o rio, o oceano de vida, Vida que se alimenta por si mesma e que dura sempre se, todavia, dela quisermos participar. É a Vida de Jesus Cristo mesmo, vida de amor, que não se apagará enquanto durar esse amor. Quem vive de ação de graças vive da Vida real de Jesus.

Materialmente, pouco se demora Nosso Senhor em nossos corações depois da Comunhão, mas seus efeitos se prolongam, seu espírito permanece. As Santas Espécies são como que um invólucro do remédio, que, quebrando-se e desaparecendo, deixará que este produza no organismo seus efeitos salutares.

Não me parece possível, sem a Comunhão, conservar-se a pureza no meio do mundo. Este motivo explica o pouco progresso de tantas almas piedosas, que exclamam: "Estou tranqüila, não preciso, portanto, comungar com freqüência". Mas vossa tranqüilidade é excessiva. Semelhante calmaria é prenúncio de tempestades! Ah! não admireis vossas poucas virtudes, não confieis na vossa paz, não descanseis tanto em vós mesmas. Neste ponto, deveis vos deixar guiar pelo vosso confessor. A vós cabe expor-lhe os desejos e necessidades da alma. A ele julgar com sagacidade.

Mas ai de nós! Quantos, embora tenham licença para comungar com freqüência, alegam, para se desculparem, a fadiga, o mal-estar, a falta de devoção. É artifício do demônio. Se cederdes, uma vez que seja, cada dia novos pretextos surgirão a vos importunar.

Tal proceder é uma falta de cortesia para com Nosso Senhor, uma injúria, uma grosseria. A licença do vosso diretor é um convite de Nosso Senhor. Ousareis recusar? Mas dessa Comunhão omitida por negligência, tereis de prestar contas, qual o mau servo do Evangelho pelo talento oculto.

Coragem! Chegai-vos amiúde à Mesa Sagrada. Ali encontrareis vida forte e de ação. Possa ela crescer em vós, até que Deus a torne uma Vida de eterna felicidade.

A reabilitação pela Comunhão

"Deus, qui humanae substantiae dignitatem mirabiliter condidisti et mirabilius reformasti!..."

"Ó Deus, quão mais admirável sois ainda na restauração do gênero humano que na sua criação!..."
(Missal Romano)

Jesus estabeleceu a Eucaristia para reabilitar o homem, que se degradara e aviltara pelo pecado original, que esquecera sua origem celeste, perdera sua dignidade de rei da criação; o homem que, senhor dos animais, a eles se assemelhou. Lançado no meio destes, enquanto os fracos fugirão de sua presença, os fortes não terão receio de atacá-lo. O pecado transformou-lhes o rei — que o será sempre pela natureza, embora destronado — em inimigo mortal.

Privado de seu domínio, o homem se degradara ainda mais vergonhosamente pelo pecado de sua vontade, até nivelar-se ao bruto. Os idólatras tão vizinhos se sentiam dos animais pelo pecado, que os tomaram por seus deuses, prostrando-se ante os mais vis. Em tão aviltada conta se tinha o homem, que sentia uma secreta necessidade de adorar os entes que não o pudessem envergonhar. Quanto ao seu Criador, dele fugiam ao ponto de não lhe poder tolerar sequer um olhar. É então que surge a invenção divina, invenção admirável! Para o homem seria muito humilhante chamá-lo Deus a si, no seu estado miserável. O primeiro passo divinal será, pois, reabilitá-lo, torná-lo respeitável. E sendo o comer e o vestir as duas coisas que mais aproximam os homens entre si, Deus mudar-lhes-á a vestimenta e a alimentação, dando-lhes uma vestimenta e um alimento divinos. É a reabilitação.

O Batismo purificará o filho de Adão. As virtudes de Jesus Cristo o embelezarão. A Eucaristia o divinizará. E o homem se sentirá crescer, envolto que está por tantas honras. E, com efeito, Nosso Senhor reveste o sacerdote do seu corpo: *"De suo vestiens sacerdotes"*, disse Tertuliano. O sacerdote é outro Jesus Cristo, de quem se nutre, cuja vontade é uma com a dele. É Nosso Senhor que continua a viver. E de tão insigne privilégio participam todos os fiéis que comungam. E esse corpo que recebe a Comunhão, une-se a Jesus Cristo e torna-se infinitamente respeitável. Grande é a tentação de nos prostrarmos aos pés do comungante e adorá-lo.

Donde vem o culto piedoso que a Igreja presta às relíquias dos Santos? Vem de que estes receberam a Jesus Cristo, que seus membros se incorporaram aos dele, até tornarem-se os próprios membros de Jesus Cristo. Não receio afirmar que, pela Comunhão, somos elevados acima dos Anjos, se não em natureza, pelo menos em dignidade; os Anjos não passam de simples ministros seus, enquanto nós, ao recebê-la, tornamo-nos membros da família de Jesus Cristo, outros Ele mesmo. Ah! ao comungarmos, com que respeito nos cercam eles, que honra nos prestam! Sem o pecado original, jamais nos teríamos elevado deste modo pela Comunhão. Inocente, o homem estaria sempre a acompanhar o Anjo. Regenerado, consangüíneo de Jesus Cristo pela Eucaristia, pode ocupar no Céu um trono superior ao dos Espíritos Celestes. E quanto mais tiver comungado, tanto mais resplandecerá sua glória no Céu, pois cada Comunhão aumenta-lhe o lustre da coroa.

Mas, por que será que, humanamente falando, certas pessoas, um sacerdote, por exemplo, nos inspiram, à primeira vista, uma espécie de respeito religioso? Ah! vemos a Jesus Cristo nele, Jesus Cristo, que, vivendo em seu coração, transparece no seu exterior, qual violeta, cujo perfume aspiramos antes de avistá-la. Digo mais, se Nosso Senhor não comprimisse sua glória nos comungantes, eles brilhariam quais sóis. Então, para preservar-lhes a humildade, oculta-se, mas sempre transparece alguma coisa. A vizinhança dum Santo é tranqüilizadora e benfazeja.

Notai ainda que, nesta terra, cada alma está incumbida de salvar outras almas, e para que cumpra com essa missão, necessita de certa autoridade, proporcionada ao fim em vista. E esta só se encontra na Comunhão. Impossível é resistir a quem trouxe em si a Jesus Cristo, a quem no-lo fizer sentir pela sua linguagem e pelas suas ações. O sacerdote que só raramente rezar a Missa terá, como qualquer outro, sua missão, mas não terá nunca a autoridade necessária. O ascendente sobre os corações, que os arrasta e os converte, só vem de Deus. Não custa obedecer aos santos, porque são uma imagem mais acabada de Jesus Cristo. Por isso convertem reinados e mundos, enquanto os próprios animais lhes obedecem. E isto não pela sua própria força, mas por Nosso Senhor, a quem recebem, e que se esvai do seu coração em chamas ardentes. Ah! é porque sabem receber a Jesus, guardá-lo e fazê-lo servir à glória do Pai!

Na verdade, a Comunhão reabilita plenamente o homem na sua dignidade. Ó feliz culpa! — *"o felix culpa!"* Embora degradados e vestindo peles de animais para punir vosso orgulho, deveis revestir-vos agora de Nosso Senhor Jesus Cristo. Nas sociedades humanas é o traje que inspira respeito maior ou menor. Saibamos trazer, exteriormente, as insígnias da nossa dignidade. Revesti-vos, pois, de Jesus Cristo. Tal vestimenta de glória vos tornará respeitáveis, por ela sereis honrados; exercereis em redor uma autoridade acatada e querida, a única apta a produzir influência salutar. Zaqueu, que, como publicano, era desprezado, recebe a Jesus, e Nosso Senhor, proclamando-o filho de Abraão, fez calar seus caluniadores. Quanto a vós, fostes enobrecidos pela Comunhão, e vossas casas, para onde trazeis a Jesus Cristo, são dignas de respeito e de honra.

Eis vossa dignidade reabilitada. Não tornamos — bem sei — novamente ao Paraíso terrestre, que permanece fechado, mas, que importa isso, se a Eucaristia é o verdadeiro Paraíso, o jardim das delícias, onde Deus se entretém com a alma fiel? Se, em troca de minha condição atual, me fosse oferecido o paraíso terrestre, apesar de minhas misérias, recusaria, para guardar a Eucaristia, pois, tais misérias, se formos fortificados pelo Pão tão substancial, são fáceis de suportar. Com o amor, a fadiga não existe, ou se existir, torna-se amável.

Mas vós, sobretudo, mulheres cristãs, agradecei a Nosso Senhor, que tanto vos enobreceu, porquanto, no paganismo, não passáveis de escravas do homem, de máquinas ao seu uso. Na Comunhão, que vos é dada em igualdade de condições com o homem, está vosso título de nobreza. A Comunhão honra vossos corpos e os une ao Verbo feito Carne. Toda a vossa dignidade provém da Eucaristia, que vos coloca no séquito de Maria. Deus vos deu o direito de participar do Banquete Divino. Ai de vossos esposos, se vos impedirem de gozar dessa honra! O dia em que deixardes a Comunhão, haveis de cair na condição abjeta donde ela vos tirou. Não encontro outra razão de ser de vossa grandeza, senão esta. Hoje em dia, fazem-se muitas coroas para a mulher, quer de virtude, quer doutras coisas; proclamam-se-lhe os direitos; pede-se-lhe a emancipação. Ah! seja vossa coroa a glória de receber a Jesus Cristo! Sejam vossos direitos a liberdade plena de vos aproximar sempre dele; seja vossa glória unir-vos a Jesus Hóstia, esplendor do Pai, no qual e pelo qual toda verdadeira glória tem seu fulgor. Seja-vos dado possuí-la em toda a sua plenitude na mansão eterna!

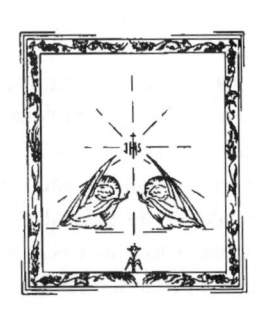

A Comunhão, Sacramento de paz com Deus

"Dicite pusillanimis:
Confortamini et nolite
timere..."

"Ó homens pusilânimes,
tende confiança e não te-
mais." (Is 35,4)

I

O homem pecador tinha um temor instintivo de Deus. Apenas cede ao demônio, e logo se esconde, fugindo do olhar do seu Criador, não ousando responder à sua voz.

Este sentimento de temor é de tal forma natural a quem comete o mal, que a própria criança, quando desobedece, hesita em se chegar à mãe, embora lhe conheça toda a ternura. É este mesmo sentimento que envolve o criminoso, e que, espelhando-se-lhe no semblante, por vezes basta para condená-lo perante a justiça humana.

E isto se aplica, com razão maior ainda, às nossas relações com Deus. Julgais que tal pecador está endurecido, e só permanece no pecado por orgulho? Não! Tem medo de Deus, e quanto mais culpado for, maior será o temor. Poderá afundar-se no lodaçal do crime, cometer excesso sobre excesso; isto é apenas uma prova maior de medo. O desprezo é a persuasão falsa que tem o pecador de que não será perdoado e de que, portanto, cairá nas mãos do Juiz terrível. Também tem medo de Nosso Senhor aquele que se recusa a vir até a igreja. Se alguma circunstância o forçar a entrar, inquieto, não se sentirá à vontade. O pecador tem medo de si próprio e procura distrair-se e fugir de si mesmo por não poder viver a sós, com seu coração e sua consciência — até sua sombra o amedronta!

Pela Sagrada Escritura vemos que este sentimento de temor dominava de tal forma o homem, que os mais santos tremiam, se Deus lhes aparecesse ou lhes falasse pela boca dum Anjo. A Santíssima Virgem, embora puríssima, tremeu em presença do enviado de Deus: o temor dominava a humanidade.

Deus levou quatro mil anos a preparar a reconciliação do homem, que só se havia de consumar na Eucaristia. A Encarnação — passo decisivo nesta obra de renovação — por si não basta. Jesus, durante trinta e três anos, nos mostra apenas sua Bondade. E se, passado esse curto lapso de tempo, nos tivesse privado de sua presença, não duvidamos em afirmar que nosso medo seria, hoje, igual ao dos Judeus antes da vinda do Messias. Bastaria a Encarnação, monumento magnífico do Amor e do Poder de Deus, obra de salvação, para, por si, firmar entre o Criador e a criatura a confiança própria da amizade? Não creio. A amizade exige relações pessoais e seguidas.

Então, Nosso Senhor institui a Eucaristia para, por meio desse Sacramento, permanecer em nosso pensamento, em nós, conosco, ao nosso lado. Continua e aperfeiçoa sua obra de familiarização. Oculta sua Glória, mostra-se no incógnito da amizade, qual rei que, vestindo os trajes de mendigo, viesse assentar-se à sua mesa e lhe dissesse: "Sou da vossa família, e como tal quero ser tratado". Digo mais. O caso é muito diferente. Jesus Cristo se faz pão. Haverá quem tenha medo dum grão de trigo, e poderia Deus encontrar meio melhor para velar sua Majestade?...

II

Ah! quão fáceis, quão suaves se tornam nossas relações com Jesus Cristo, que se ocultou na Eucaristia, para que pudéssemos nos aproximar dele, e ouvir-lhe a voz divina! De outra forma, uma única palavra sua — seria a repetição da cena do Monte Sinai — bastaria para implantar o pavor, enquanto uma palavra de amor nos havia de abrasar e consumir, e uma palavra de ameaça, nos aniquilar.

Quanto a imitar-lhe as virtudes, se Jesus não as velasse na Eucaristia, se, por assim dizer, não as pusesse ao nosso alcance, o desânimo nos impediria de alcançá-las. Mas, ocultando-as, assemelhando-se ao defunto cuja obediência é toda material, anima-nos a imitá-lo, qual a mãe que gagueja e dá passos pequenos para ensinar ao filhinho a falar e andar.

Pode-se definir a Eucaristia: é Jesus familiarizando o homem com Deus. Ah! como descrever os mistérios da união íntima que Jesus opera em nós na Comunhão! A amizade pede a união, sem a qual não poderá haver confiança plena. Jesus quer unir-se pessoalmente a cada um de nós. Moisés, com santa audácia, exclama: "Mostrai-me, Senhor, vossa Face!" E Deus começa por recusar, mas, ante tão grande confiança, acaba por ceder a Moisés, que insiste, que conjura.

Todavia, Deus, ordenando-lhe que se conserve afastado, para que o esplendor de sua Glória não o consuma, deixa-lhe perceber apenas um raio da Majestade Divina — não faz senão passar por ele — mas, esse só raio reflete-se com tanto esplendor na sua pessoa que, enquanto viver, levará em sua fronte a marca resplandecente dessa aparição.

Mostrasse-nos Jesus sua Glória na Eucaristia, e tornar-nos-íamos qual outro Moisés! Mas que seria, então, da amizade, da intimidade? Moisés, deslumbrado, nenhuma vontade tinha de falar, de se expandir. Quanto a nós, porém, Jesus quer nossa amizade, quer ser tratado como amigo, e, para alcançar o seu fim, reveste a forma do pão. E quem tremerá ante aquilo que está habituado a ver desde sua infância — o pão? Ah! então, cheios de coragem, falamos em toda confiança. Nosso Senhor nos tomou de surpresa, como fez com Zaqueu. Zaqueu, que queria apenas vê-lo, não ousara, sequer, procurar falar-lhe. Jesus chama-o pelo nome. Ele obedece e sente-se imediatamente transformado por tão grande Amor. Esquecido de que não passa dum mísero pecador, depois dum ato de sincera humildade, recebe a Jesus em sua casa, gozando, sem o menor receio, de sua dulcíssima presença.

Se Jesus nos enviasse um Anjo para nos anunciar a Comunhão e no-la dar, em vez de nos tomar de surpresa, como faz, far-nos-ia tremer de medo, por muito tempo. Mas a surpresa impõe-se para que possamos saborear nossa felicidade na Comunhão. Só percebemos — senão, grande seria nossa perturbação ao comungarmos — aparências débeis, forma humilde, e aí está a graça das graças.

Se a perturbação é prejudicial, a emoção é boa, pois nos leva a pensar mais naquele a quem vamos receber e menos em nossas misérias.

E, uma vez que Nosso Senhor está em nós, devemos alegrar-nos... Sua Bondade preserva-nos do esplendor de sua Santidade, faz-nos esquecer seu Poder, sua Glória, sua Grandeza. Regozijemo-nos por tão admirável invenção de Deus para conosco. A Eucaristia no-lo torna presente, a Comunhão nos faz penetrar na sua doce familiaridade.

Ah! sim, feliz culpa! No estado de inocência, Deus era o Senhor e Mestre; agora é nosso comensal, nossa comida! *"Dominus ipse conviva et convivium..."*

A Comunhão, fonte de confiança em Deus

"Confidite, ego sum."   "Tende confiança, sou Eu." (Mc 6,50)

I

O fim da Eucaristia não é somente aproximar o homem de Deus, destruindo o temor, instintivo e dominante, mas, sobretudo, depositar em seu coração a confiança. Se Nosso Senhor não se velasse por bondade, seria possível, em rigor, suportar a Presença de Deus, mas quem ousaria chegar a falar-lhe? É Ele quem primeiro nos procura, quem suprime todas as desigualdades. Já na terra a natureza humana velava tão bem o brilho de sua Divindade — só transpareciam sua Bondade e Misericórdia — que nem pecadores, nem criancinhas receavam aproximar-se de Jesus.

Mas, hoje, Nosso Senhor está glorioso, ressuscitado, triunfante. Quem teria coragem de falar-lhe? Juiz que é dos vivos e dos mortos, como tal quer ser temido e adorado. É — naturalmente — sempre o Deus Bom e Misericordioso, mas seu estado sofreu uma alteração e, não fosse a Eucaristia, jamais ousaríamos falhar-lhe com a simplicidade que inspira a confiança. Nosso Senhor instituiu seu Sacramento para nele ser amado e tratado com o mesmo amor, a mesma terna afeição que em sua Vida mortal. Nós, sacerdotes, pregamo-vos, com João Batista, perdão e misericórdia, mas somos impotentes para transmitir-vos o amor que se baseia na confiança e para estabelecer com Ele as relações mútuas de ternura e de familiaridade que Ele deseja.

Em Vida, toda a atitude de Nosso Senhor revelava sua Bondade, pois tudo nele respirava doçura, tudo atraía. Agora, embora seus traços característicos transluzam, oculta-o, porém, uma nuvem, e Ele permanece velado. Esta nuvem, no entanto, não será tão espessa que nos impeça de pensar sempre nele através desses traços marcantes da doçura e da ternura. Assim se pintou nas almas, com as cores do mais terno amor. Ao percebermos as Santas Espécies, lembremo-nos logo de tudo quanto foi Jesus, e de tudo quanto é: Amor, Bondade, Misericórdia, Ternura. *"Ecce Agnus Dei."*

II

A familiaridade se deve manifestar, sobretudo, nos segredos e nos colóquios repassados de doçura que nos eletrizam e encantam fortemente. O povo, ao ouvir Nosso Senhor, exclamava: "Na verdade, ninguém jamais falou como este Homem!" E os próprios pecadores se comoviam ante a suavidade de suas palavras, enquanto sua Bondade atraía irresistivelmente. Mas aqui Jesus fala interiormente à alma. E, qual será essa linguagem de amizade, essas doces palavras? Com certeza já a conheceis. Ele é Manso por natureza; às vezes — raramente — será severo... Impossível é resistir-lhe ... Nunca vos recolhestes aos pés de Nosso Senhor? E quando vosso arrependimento foi sincero, não vos disse Ele: "Eu te perdôo, nada tens a recear"? Não derramastes então lágrimas suaves? A voz do interior é, indiscutivelmente, mais penetrante que o som material e o ouvido da alma mais fino que o do corpo. Há, na Santíssima Trindade, uma Palavra, tipo de toda palavra. É interior, e todavia real: é o próprio Verbo. E não basta a simples lembrança dum pai, duma mãe que já se foram, para nos comover e avivar-nos as saudades? É que existe a palavra interior, espiritual — a única verdadeira, a única capaz de comover. A exterior, por si, não o poderia.

A palavra de Jesus Hóstia é íntima e penetrante. Vai ao recôndito da alma. Quando uma pobre criatura, confessando ingenuamente que está despida de méritos e de virtudes, se aproxima de Nosso Senhor, falando-lhe com a simplicidade e o abandono da criança para com sua mãe, é que a doçura da intimidade a atrai. Ousaria ela dar largas ao coração, se houvesse testemunhas? Não. Mas ouviu Jesus dizer-lhe: "Vinde a mim, vós todos que estais sobrecarregados, e Eu vos aliviarei", e então ousou aproximar-se. No segredo, expande-se livremente, deixa-se ir com abandono comovente. Sem este convite íntimo e suave, que nos chama à Comunhão, nunca ousaríamos chegar-nos à Mesa Sagrada. A graça da preparação à Comunhão é uma graça de confiança, e não de introspecção, nem tampouco de oração, coisas boas, indubitavelmente. Mas a verdadeira preparação está na confiança que nos devem inspirar estas palavras: "Vinde, não temais. Sou o Deus do vosso coração". Honramos muito mais a Deus, preparando-nos deste modo, do que se o desespero nos lançasse por terra.

Talvez alegareis: "Mas, ao comungar, sinto-se árido e sem devoção e nada produzo". É que não vos compenetrais da palavra íntima de Nosso Senhor, não vos lançais aos seus pés com o abandono de Maria Madalena, que chorava de alegria, mesmo quando Jesus nada lhe dizia. Que sua palavra íntima — manifestação de sua Graça — vos penetre. Não se come trabalhando. O Pão Celeste, que ides receber, não é outra coisa senão o Verbo, a Palavra da Vida. É mister ouvi-lo na paz e no repouso.

III

A ação de graças deve ser ainda mais recolhida que a preparação. Se começardes logo a produzir atos, e mais atos, procedereis qual criança e se, no correr da ação de graças não vos puderdes conservar recolhido, se adotardes um método, um modo de avivar a devoção, muito bem. Mas, por que não esperar um pouco? Hospedais a um amigo, e o simples decoro manda prestar-lhe toda a atenção. Infelizmente, é o que não se faz. Não compreendemos o pensamento de Nosso Senhor. Pensamos que Ele vem para nos censurar, quando agora não se trata disso! Um amigo não nos procura para nos acusar, e sobretudo, não começa por fazê-lo. Nosso Senhor — notai bem — jamais nos censurará no primeiro momento da Comunhão. O demônio, esse, sim, nos perturba a fim de nos impedir de gozar das palavras divinas, esforçando-se por nos apresentar Jesus qual senhor imperioso, juiz severo, e encher-nos de medo. Grande, então, é a tentação de deixar a ação de graças, a fim de fugir do olhar severo. Mas tal não é o caráter de Nosso Senhor.

As almas indolentes descansam logo na idéia de que são pobres e pecadoras. Mas por que não esperar um pouco para que o coração se dilate? Poderão lançar então um olhar sobre si mesmas. É quanto basta para nos humilhar com eficácia superior a todo esforço pessoal. Será que o ricaço, ao visitar o pobre na sua choupana, ostenta, ao entrar, seus títulos de riqueza e de nobreza, em contraste com a miséria do seu protegido? Ah! Isto nunca! É melhor não o visitar do que o humilhar deste modo. Ao contrário, anima-o, consola-o e coloca-se, quanto possível no mesmo nível, a fim de facilitar a simpatia mútua.

Ora, se não degustardes as consolações de Jesus ao visitar-vos, é que não empregais o tempo necessário. Desprendei-vos, abri vosso coração. Não cabe a Jesus fazer tudo.

Lemos nas Sagradas Escrituras que Deus, no silêncio da noite, chama Samuel para fazer-lhe uma revelação. E Samuel, que nunca ouvira sua voz, desconhece-a. Adormece por duas vezes, até que o Sumo Sacerdote lhe dá a chave das comunicações sobrenaturais, que consiste em rogar a Deus que fale e em prestar-lhe ouvidos. E o Profeta exclama então: "Falai, Senhor, que vosso servo escuta". E Deus lhe abre os segredos do futuro.

Façamos o mesmo. Nosso Senhor chega-se a nós, mas é mister entrar em relação com Ele, segundo a graça do momento, cujo caráter é a familiaridade que nasce da amizade. Ora, se Nosso Senhor contém em si todas as palavras divinas, todavia, como a Eucaristia é o termo mais elevado e a consumação do Amor de Deus, seu caráter, na Comunhão é a doçura e a bondade, não a bondade que tem no Céu, nem tampouco a que tinha na terra, mas a bondade própria do seu estado sacramental, isto é, a intimidade, a familiaridade do só a sós.

Eis o verdadeiro meio de travar relações com Nosso Senhor. E como ousaríeis aproximar-vos para comungar, se já não tivésseis ouvido uma voz suave dirigir-se a vós, em particular, com bondade tão absorvente que afastasse do vosso espírito qualquer outro pensamento? "Vinde."

Assim, pois, logo que Nosso Senhor estiver em vós, deveis exclamar, cheio de admiração: "Senhor, quão bom sois!" *"O quam suavis est, Domine, Spiritus tuus!"* E este sentimento é partilhado por toda pessoa que comunga. É instintivo. É a prova de que a Bondade, a Doçura da Eucaristia são os dois meios divinos empregados por Deus para chamar a si o homem decaído e unir-se-lhe num laço de amizade e de confiança íntimas.

A Comunhão, remédio à nossa tristeza

"Qui jucundus eram et
dilectus in potestate mea...
ecce pereo tristitia magna
in terra aliena!"

"Eu que no meu reino
era tão feliz, em terra es-
tranha, morro de tristeza."
(1Mc 6,11.13)

I

Uma grande tristeza invade-nos e, sem que a possamos afastar, prende-se ao nosso coração. Nesta terra, toda alegria é passageira e acaba sempre em lágrimas. Não há, nem pode haver outra. Fomos expulsos do nosso domínio, da casa do nosso Pai. Essa tristeza — que por vezes é pavorosa — faz parte integrante do patrimônio que Adão, pecador, legou à sua posteridade desgraçada, e se insinua, sobretudo, quando estamos sós e entregues a nós mesmos. Está em nós, mas não sabemos donde vem. Quem não tem fé, desanima e se desespera e, preferindo a morte a semelhante existência, comete o crime horrendo do suicídio!

Para nós, cristãos, qual o remédio a tão inata tristeza? Será a prática da virtude, o zelo pela perfeição cristã? Mas isso não basta, porquanto as provações, as tentações, farão freqüentemente triunfar a tristeza. E, quando esta, tão cruel, domina o coração, acabrunhado até o excesso, tudo o mais — falar, operar — se torna impossível!

Nosso Senhor era manso e bom, porém, triste, e, no Jardim das Oliveiras, sua angústia foi tão grande, que pensou morrer. Nos trinta e três anos de existência, a tristeza nunca o deixou, e os santos Evangelhos, se nos falam de suas Lágrimas — Ele muito chorou — nunca nos dizem que riu.

A vida dos Santos, discípulos fiéis do Mestre, passava-se toda na tristeza. Além de exilados, viam em torno de si males tão grandes, sentiam tão vivamente sua impotência para, na medida dos seus desejos, glorificarem a Deus, que muito sofriam. Todavia, sabiam sobrenaturalizar essa mesma tristeza.

Ao mal generalizado impõe-se, portanto, um remédio. E este não consiste na solidão, nem em ficar a sós, pois a tristeza precisa se expandir, se não quiser ser levada pela torrente.

O erro, porém, é que muitos procuram consolo humano e abrem-se junto ao coração dum amigo, dum diretor, o que não lhes bastará, sobretudo se Deus, para prová-los, enviar um acréscimo de tristeza. Então nada os saberá alegrar. E, infelizmente, ao verificar que as boas palavras, os paternais avisos não souberam despertar a alegria, desanuviar a tristeza, recaem mais fortemente e o demônio aproveita-se disso para suscitar a falta de confiança em Deus. Vemos então almas, entre as mais puras e santas fugirem dele, terem medo de conversar com Ele, imitando Adão no Paraíso. A oração, por si, atenua um tanto a tristeza, mas não leva à alegria pura e duradoura. Nosso Senhor, no Getsêmani, orou três horas e, no entanto, continuou mergulhado na angústia, recebendo apenas a força necessária para poder suportá-la.

Se uma boa confissão nos der um pouco de tranqüilidade, o pensamento da ofensa feita a Deus, tão bom, dentro em breve, provocará nova tristeza. Onde, pois, encontrar o verdadeiro remédio?

II

O remédio absoluto, sempre novo, sempre enérgico, ao qual a tristeza cede forçosamente, é a Comunhão. Nosso Senhor pôs-se na Eucaristia para se dar a nós, para combater diretamente nossa tristeza. E, ouso afirmar, que a alma que comungar com real desejo, verdadeira fome de Jesus, não poderá conservar-se triste após a santa Comunhão. Mais tarde, a tristeza — nosso quinhão de exílio — poderá reaparecer, e reaparecerá tanto mais cedo quanto mais cedo nos encolhermos, esquecidos da Bondade de Nosso Senhor. Mas nunca no momento de recebê-lo! A Comunhão é um festim. São as núpcias de Jesus com a alma fiel. Como poderíamos chorar? E confio na vossa experiência pessoal para dizer que todas as vezes que estáveis tristes antes da Comunhão — e isto, apesar duma confissão boa — sentistes a alegria renascer, ao chegar-se Nosso Senhor ao vosso coração!

Zaqueu, o publicano, alegrou-se vivamente ao receber a Jesus, embora não lhe faltasse motivo de tristeza, pois era acusado publicamente de depredações. Os discípulos de Emaús, embora em companhia do Mestre, que lhes falava e os instruía, caminhavam cheios de tristeza, mas após a Fração do Pão, alegraram-se intensamente. O júbilo brota-se-lhes no coração e, apesar do anoitecer, da marcha longa e da fadiga, dirigem-se a Jerusalém a anunciar sua alegria aos Apóstolos e associá-los à sua felicidade.

Vejamos agora um pecador, culpado de todos os crimes. Confessa seus pecados. Saram-se-lhe as feridas. Entra em convalescença. Mas está triste. Sua conversão tornou-o mais sensível e agora chora aquilo que outrora nem sequer sentia: o pesar que causa a Deus. E quanto mais sincera e esclarecida for sua conversão, tanto mais profundo será esse pesar. "Ofendi gravemente a Deus, que é tão bom!" E, se ele ficar entregue a si mesmo, a tristeza o prostrará, enquanto o demônio lhe insinuará o desânimo. Urge que ele se aproxime da Santa Comunhão, que sinta, por si, toda a Bondade de Deus. A alegria e a paz invadir-lhe-ão a alma, e exclamará: "Recebi o Pão dos Anjos! Tornei-me amigo de Deus!" E não se entristecerá mais ao pensar nos pecados passados. Se Nosso Senhor lhe afirmou, com seus próprios lábios, que está perdoado, como havia de duvidar?

Ah! a alegria, fruto da Comunhão, é a mais bela demonstração da Presença de Deus na Eucaristia. Nosso Senhor prova-se, fazendo-se sentir. "Virei àquele que me ama e a ele me manifestarei." E se manifestará pela alegria que sempre o acompanha.

III

Notai, para bem do vosso governo, que há duas espécies de alegria. A alegria própria da prática da virtude, e que resulta do êxito e do bem que se faz, alegria da colheita, do triunfo. É boa, mas não convém procurá-la. Descansando em si, não é sólida e talvez seja sua própria recompensa.

Mas a alegria que resulta da Comunhão, aquela que reconhecemos não provir de nós mesmos, mas, sim, de Jesus; que nada tem a ver com nossas obras, a esta devemos aceitar, sem receio, quando apraz a Nosso Senhor no-la trazer. É toda dele. Terá, por acaso, a criança alguma virtude, algum mérito? E, no entanto, regozija-se, goza da felicidade de estar junto à mãe. Seja, por conseguinte, a Presença de Nosso Senhor, a causa única da nossa felicidade. Não procureis descobrir se, em virtude das vossas obras, mereceis, sim ou não, a alegria que ressentis, mas regozijai-vos em possuir Nosso Senhor, em permanecer aos seus pés, saboreando vossa felicidade e fruindo da sua Bondade.

Certas almas têm medo de meditar demasiadamente na Bondade de Deus, porque sabem que, em troca, esta lhes pedirá a doação, total e incondicional de si mesmas. Preferem a lei, que, uma vez cumprida, as deixa livres. É um cálculo mesquinho, que não fica bem às almas a quem Nosso Senhor se dá com tanta profusão. Degustemos avidamente a alegria que nos é oferecida, prontos a dar, generosamente, a Nosso Senhor, tudo quanto lhe aprouver pedir-nos em troca.

A Comunhão, educação divina

"Et erunt omnes docibile Dei."

"E serão todos instruídos por Deus." (Jo 6,45)

Para presidir à educação dum príncipe, procura-se um homem douto, nobre e distinto, pois a tal tem direito a soberana majestade. Mas, passados anos, é o próprio rei que lhe ensinará a arte, que só ele exerce, de governar os homens.

Nós todos, cristãos, somos príncipes de Jesus Cristo. Corre-nos nas veias o sangue real. Nos primeiros tempos da vida espiritual, a fim de nos iniciar nos seus caminhos, Nosso Senhor confia-nos a seus ministros, que nos falam de Deus, nos explicam sua Natureza e seus Atributos, no-lo mostram, no-lo prometem. Todavia, impossível lhes é fazer-nos senti-lo, compreendê-lo na sua Bondade. Mas, no dia da Primeira Comunhão, Jesus Cristo se aproxima, dá-nos provar o sentido oculto e íntimo das instruções que acabamos de receber, revelando-se à alma — e isso, nem palavras, nem livros o poderiam fazer. Formar o homem espiritual, formar a Jesus Cristo em nós, é, na verdade, o triunfo da Eucaristia, e toda educação interior, que não for feita por Nosso Senhor mesmo em nós, será falha.

I

Ora, Jesus, chega-se a nós para ensinar todas as verdades. Quem não comunga, possui a ciência especulativa, conhece as expressões, mas lhes ignora o sentido real. Jesus não se lhe deu a conhecer. Sabe a definição, a regra, os progressos normais da virtude que se quer desenvolver; não sabe Nosso Senhor mesmo. É qual o cego a quem Jesus curou e que, não o conhecendo ainda de perto, falava dele como dum grande profeta, dum amigo de Deus, até que Jesus se lhe manifestou diretamente. Então caiu-se-lhe aos pés e adorou-o.

Ora, a alma que, antes da Comunhão se fazia uma idéia de Nosso Senhor e só o conhecia por meio dos livros, ao vê-lo na Mesa Sagrada, maravilhada, reconhece-o. É que Nosso Senhor só se revela por si mesmo. Então começa o aprendizado da verdade pela Verdade viva e substancial. Admirados, exclamamos: *"Dominus meus et Deus meus!"* Qual sol, Jesus Cristo se manifesta pela sua própria luz, e não por meio de raciocínios. Revelação, toda íntima, que leva o espírito a procurar as razões ocultas dos Mistérios, a sondar o Amor, e a Bondade de Deus nas suas obras. Tal conhecimento não é estéril, nem dessecante, como a ciência comum. É terno e suave; conhece-se e sente-se. Provoca o amor, inflama, faz trabalhar, leva a penetrar no íntimo dos Mistérios. A adoração feita depois da Comunhão, e sob o influxo da graça que lhe é própria, não se contenta com o superficial; quer ver, raciocinar, contemplar o plano divino: *"Scrutatur profunda Dei"*. Então, voamos de claridade em claridade, como no Céu. O Salvador aparece-nos com um aspecto novo e, embora Jesus, vivendo em nós, seja sempre o tema de nossa meditação, esta nunca se repete. Em Jesus, há abismos de Amor que se torna mister aprofundar com Fé amorosa e ativa. Ah! se ousássemos sondar a Nosso Senhor, quão grande seria nosso amor! Mas a apatia, a indolência se contenta com dados recebidos, com pontos de vista exteriores. A preguiça tem medo de amar. Ora, quanto maior for nosso conhecimento — conhecimento que vem do coração —, tanto mais seremos forçados a amar!

II

A educação que Jesus faz em nós pela Comunhão conduz ao amor e incita-nos a produzir inúmeros atos de caridade, e nisto está toda a virtude. Jesus leva-nos a amá-lo pela demonstração brilhante e íntima que faz do Amor que nos tem. Convence-nos de que nos dá tudo quanto tem, tudo quanto é, forçando-nos, pelo excesso de sua Caridade, a amá-lo. Como incute a mãe o amor no coração do filhinho? Amando-o. Assim também faz Nosso Senhor, cujo Amor ninguém nos pode transmitir, nem infundir em nossas almas. Poderão exortar-nos a amar, mas nenhuma força humana nos ensinará como é que se ama. É preciso senti-lo para saber o que é — e só Nosso Senhor nos pode educar o coração, porque Ele quer ser nosso único fim.

Começa — e tudo isso só se passa na Comunhão — por despertar no comungante o sentimento do amor, depois a razão do amor, para então arrastá-lo ao heroísmo do amor. "Se não comerdes a Carne do Filho do Homem, e não lhe beberdes o Sangue, não tereis a Vida em vós." E que Vida será esta, se não for a Vida do Amor, a Vida ativa, que só se sorve na fonte, isto é, em Jesus? E não será na Comunhão, mais do que em qualquer outro ato da vida cristã, em qualquer outro momento, que sentiremos que Jesus realmente nos ama? Se é verdade que, uma vez perdoados, choramos de alegria, todavia a lembrança do pecado impede a felicidade plena que só gozaremos na Comunhão, pois só aí vemos e apreciamos todos os sacrifícios de Jesus até, cedendo ao peso de tamanho Amor, exclamarmos: "Meu Deus! Meu Deus! Como me podeis amar tanto!" Levantamo-nos da Mesa Eucarística aspirando o fogo do amor: *Tamquam ignem spirantes*, sentindo que seria uma ingratidão imensa nada fazer em troca de tão grande Bondade. E depois de termos mergulhado em nosso nada, podemos ir ao encontro de todas as virtudes, fortes naquele que está em nós! Tal amor sensível produz sempre a dedicação que leva à correspondência e nos indica o que nos resta fazer. Faz-nos sair de nós mesmos, eleva-nos às virtudes de Nosso Senhor, retira-nos nele. A educação, nessas normas, vai longe e vai depressa.

Se tão grande é o número dos cristãos que não se adiantam na virtude, é que não querem romper as cadeias que os prendem e entregar-se com confiança à direção de Nosso Senhor. Sabem que, se comungarem, não poderão resistir ao Amor de Jesus, terão de se entregar em troca. Então contentam-se com livros, com palavras, sem ousar dirigir-se diretamente ao Mestre.

Oh! irmãos meus, tomai ao próprio Jesus Cristo por Mestre. Recebei-o em vós, e que Ele dirija todas as vossas ações. Não vos contenteis com o Evangelho, com as tradições cristãs, nem tampouco em meditar Mistérios já passados. Jesus aqui está vivo. Contém em si todos os Mistérios, pois todos vivem nele e dele recebem sua graça. Dai-vos, portanto, a Jesus Cristo. Deixai-o permanecer em vós, e haveis de produzir frutos em abundância: *"Qui manet in me, et ego in eo, hic fert fructum multum"*.

As bodas místicas

"Gaudeamus et exsultemus et demus gloriam ei, quia venerunt nuptiae Agni, et uxor ejus praeparavit se."

"Alegremo-nos e exultemos, e rendamos glória a Deus, pois são chegadas as núpcias do Cordeiro, e sua esposa já se preparou." (Ap 19,7)

Na Encarnação, Nosso Senhor desposou a natureza humana. Revestindo-se duma forma idêntica à nossa, embora pura e sem pecado, Jesus Cristo veio salvar o mundo. Foi, portanto, no seio de Maria, que essa mesma natureza humana celebrou suas primeiras núpcias com o Verbo. E por tê-la desposado, por ter-se livrado por ela, Ele amava a humanidade até querer ser chamado Filho do Homem: *"Filius Hominis"*.

Jesus Cristo, porém, quis mais ainda. Querendo unir-se a cada uma das nossas almas, instituiu a Eucaristia, onde, diariamente, se celebram suas bodas com a alma cristã. E quais as almas convidadas? As nossas, chamadas não somente para assistir à festa, como também a se tornarem esposas. Quanto nos surpreende tal convite, e quão estranho é ouvirmos Deus dizer-nos: *"Veni, sponsa, veni, coronaberis".* "Vem, ó minha esposa, receber da minha mão a coroa nupcial!" De nós Nosso Senhor quer apenas a vontade, que nos leva a Ele. Na Penitência, nos dá, Ele mesmo, a túnica nupcial. *"Venite, inebriamini... posui mensam."* "Vinde cada dia, inebriar-vos com as castas delícias do meu festim nupcial!" Nosso Senhor não podia fazer mais. E embora nem todos venham — e muitos por não o querer — todavia o convite a todos se estende. Que aqueles que, por motivos justos, não se puderem aproximar quotidianamente da Mesa Sagrada, se regozijem ao ver que pelo menos tal graça é concedia a seus irmãos mais favorecidos, e que Nosso Senhor não permanece estéril no seu cibório. Assistindo à alegria dos outros, pensai na vossa, que vos espera, à medida que fordes tornando mais digno.

Jesus desposa, portanto, a alma que comunga, unindo-se-lhe numa aliança divina. É um contrato feito livremente entre as duas partes que vão constituir uma só pessoa moral, contrato esse que Jesus jamais romperá. A nós cabe também não lhe sermos infiéis. Façamo-lo viver no amor, na fidelidade da consciência, na vontade inabalável de antepor as obrigações que nos impõe a tudo o mais.

Não a prometestes, tal fidelidade? Vossa pobreza espiritual vos inclinava a ficar longe. Jesus, chamando-vos a unir-se a Ele, disse-vos: "Vinde, apesar de tudo, e eu vos serei tudo". À vista de tão grande Amor, no fogo da gratidão, prometestes entregar-vos cabalmente a Deus, ligando-vos a Ele para sempre. Seria possível dizer a Nosso Senhor: "Hoje, sim, serei fiel, mas, quanto ao futuro, nada vos prometo!" Isto nunca! Entregamo-nos para sempre e, no momento, há sinceridade no desejo e na vontade atual. Tal o contrato: Jesus será fiel. A vós cabe não o romper.

A esposa, aliando-se, perde sua personalidade, torna-se submissa ao esposo, a quem deve obediência. A ele, cabeça e chefe de família, compete mandar e dirigi-la.

Na aliança sacramental, a alma, unindo-se a Jesus, perderá todo direito sobre si mesma. Vem submeter-se, entregar-se-lhe e cuidará em estudar-lhe a Vontade, em ajudá-lo sempre, em segui-lo por toda a parte. Não passa de simples esposa, enquanto Jesus é o Esposo. Refletindo nas obrigações que impõe tão magnífico título, aceitai-lhe os encargos, junto com as honras. "Ser esposa, alegam muitas almas boas, é honra demasiada para mim. Prefiro continuar a ser a serva do Senhor." Mas a serva não come à mesa do amo. Querer permanecer aos pés de Nosso Senhor, como simples serva, é, não raras vezes, sinal de covardia. A nobreza tem deveres inerentes. Confiai-vos a Nosso Senhor, que vos elevará, sem receio algum da vossa parte, porque tal honra não provém de vós, mas, sim, dele, que vos faz subir e que saberá vos dar em troca um dote suficiente de graças e virtudes, para cumprirdes com vossas obrigações. Alma cristã, aceitai, confiante, o belo título de esposa de Jesus Cristo, honrando a Nosso Senhor com todo o amor, toda a delicadeza da esposa fiel. Que Nosso Senhor não venha a verificar que, ao adotar-vos, se enganou.

Mais profunda do que qualquer outra é a união entre a alma e Jesus Cristo. Nada de humano se lhe compara, sejam quais forem as partes contratantes, bem como suas qualidades e sua afeição mútua. Essa união, que se opera espiritualmente entre Jesus Cristo e a alma, é mais íntima até do que a transformação da comida na substância de quem a toma. A alma une-se de tal forma a Jesus Cristo que perde, por assim dizer, seu próprio ser e deixa viver tão-somente a Jesus nela: *"Vivit vero in me Christus"*.

E quanto mais forte for o amor, mais íntima, mais profunda será essa união, semelhante a duas ceras que tanto mais se fundem quanto mais líquidas forem.

A alma perde-se em Jesus Cristo, qual gota de água na imensidade do oceano. *"Divinae consortes naturae"*. Jesus Cristo poderia — é certo — se contentar em nos dar somente as graças de salvação. Não o quis, porém, e chama a si as almas generosas, que o hão de amar com a dedicação de verdadeiras esposas. *"Sponsabo te mihi in sempiternum."* "Desposar-vos-ei para sempre."

Mas, então, se uma só Comunhão é o bastante para consumar a união, por que comungar tão repetidas vezes? De fato, Jesus poderia, duma só vez, consumar-nos e perder-nos nele. Deseja-o e não nos mede a abundância do dom de si mesmo. Mas estamos tão presos à nossa escória, tão inaptos a nos fundir nele, que Jesus virá freqüentemente renovar sua união, fortificá-la e completar a nossa Primeira Comunhão, confirmando, cada vez, essa aliança primeira, tornando-a mais pura e mais íntima. Já que não se dá com parcimônia, não depende dele, e sim de nós, a perfeição da nossa união. É que não estamos prontos e hesitamos sempre em nos perder nele.

Honremos, pois, a Jesus na qualidade de Esposo divino da nossa alma. Amemo-lo com toda a dedicação de que somos capazes. Ai de nós! Esposas infiéis, pecamos e faltamos aos nossos compromissos, mas Jesus amou-nos, apesar de tudo, e novamente nos convida a unir-nos a Ele, esquecido das nossas culpas. Será possível que não o havemos de amar, e prometer-lhe, do fundo do coração, uma inviolável fidelidade? Procederemos quais mulheres indignas, que, elevadas ao trono por príncipes bondosos, tornam-se arrogantes, para infelicidade dos povos? Galgando, sem as necessárias virtudes, tão alta posição, conduzem-se de modo vergonhoso e infiel. Será este o nosso procedimento em relação a Jesus Cristo?

Nada éramos, nada tínhamos. Jesus Cristo amou-nos, partilhou conosco sua glória e suas riquezas. Saibamos corresponder a tão grande Amor, dando-lhe tudo, como vindo dele, sem mérito algum da nossa parte, e entregando-nos nós mesmos a Ele, já que lhe pertencemos por tantos títulos. Se refletíssemos no Amor que Jesus Cristo nos tem no Santíssimo Sacramento, nossa vida não passaria dum longo ato de amor e de reconhecimento.

Ele é meu e eu sou dele

"Dilectus meus mihi, et ego illi."
"Meu Dileto é todo meu e eu toda dele." (Ct 2,16)

Possuir a Jesus, ser por Ele possuído, é o reinado supremo do amor, a vida de união entre Jesus e a alma, alimentada no dom recíproco de si mesmo. Assim como o meu Dileto, no Santíssimo Sacramento, é todo meu, no dom cabal, perfeito, pessoal e perpétuo, assim também eu devo ser todo dele.

I

"Dilectus meus mihi." Nos outros Mistérios, e por meio das suas outras graças, Jesus nos dá alguma coisa: sua graça, seus méritos, seus exemplos. Mas, na santa Comunhão, dá-se a Si mesmo todo inteiro, com suas duas Naturezas, com a graça e os méritos próprios aos estados por que passou. Que Dom! *"Totum tibi dedit qui nihil sibi reliquit!"* "Aquele dá tudo que tem, que nada guarda para si." E não é assim o Dom eucarístico? E donde veio a Nosso Senhor a idéia de se dar desse modo

senão do seu Coração abrasado dum Amor sem limites para com o homem? Ó Coração de Jesus, infinitamente liberal, sede louvado e bendito para todo o sempre!

Jesus, por Amor de cada um em particular, a cada um se quer dar. O amor generalizado não comove, mas, ao amor que nos é testemunhado pessoalmente, não podemos resistir. Que Deus tenha amado o mundo, já é muito; mas, que me ame a mim, que mo diga e que, para disto me convencer, se dê a mim eis o triunfo do seu Amor. Jesus vem para mim, e de certo modo, só para mim. Eu sou o termo desse Mistério de infinito Poder e Amor que se opera no Santo Altar, porquanto em mim se termina, em mim se consome! Ó Amor, que te darei em troca? Eu, mísera criatura, ocupar o pensamento de Jesus Cristo, até tornar-me o fim do seu Amor! Ó meu Deus, não quero que me tenhais amado em vão! Vinde viver e reinar em mim.

Dom magnífico, imutável e perpétuo. Toda felicidade que se mede ao tempo, está sujeita ao medo e à tristeza. E se o próprio Céu devesse ter fim, não seria mais Céu, pois sua felicidade não seria inteira. Mas a Eucaristia é um Dom Perpétuo, que há de durar enquanto durar o Amor que o inspirou. A promessa é formal. Jesus Hóstia fechará a série dos tempos, e sejam quais forem os acontecimentos, Ele estará do lado de sua Igreja até o fim do mundo.

Que felicidade! Tenho a Jesus em minha companhia, em minha possessão, em minha propriedade, e ninguém mo poderá tirar. Semelhante ao sol, encontro-o por toda a parte e Ele tudo ilumina, tudo vivifica! Companheiro do meu exílio, Pão da minha jornada, Ele me acompanhará e me sustentará até o porto da salvação. Ah! quão doce é o exílio, quão agradável a viagem feita com Jesus em mim!

II

"Et ego illi." Devo ser todo de Jesus Cristo, como Ele é todo meu, sem o que não poderá existir sociedade real.

Ora, se Jesus não pensa e não trabalha senão para mim, eu também não devo viver senão para Ele, que será o inspirador dos meus pensamentos, o objeto da minha ciência (sem isto meu espírito não lhe pertenceria), o Deus do meu coração, a lei, o centro dos meus afetos. Todo amor que não se moldar no dele, toda afeição que não vier dele, não permanecer e não acabar nele, impedirá a união perfeita do meu coração com o dele, porquanto, se me reservar uma parte, que seja, não lho darei todo inteiro.

Jesus deve ser a lei suprema da minha vontade, dos meus desejos. O que Ele quer, devo eu também querer e meus desejos não se devem afastar dos seus. O pensamento de Jesus deve dirigir todos os movimentos do meu corpo, ordenar aos meus sentidos a modéstia, o respeito à sua Presença. É o primeiro mandamento posto em prática: *Diliges*, "amarás a Deus com todo o teu coração, com todo o teu espírito, com todas as tuas forças".

O amor é *um* no seu afeto e *universal* nas suas operações, tudo conduzindo por um princípio único, que aplicará aos seus deveres por variados e numerosos que sejam.

Sou todo de Jesus? Se o devo à justiça, devo-o ainda mais ao amor e à palavra que dei, que Jesus recebeu e sancionou com suas graças e seus favores.

Jesus me dá toda a sua pessoa. Eu devo, portanto, me dar todo a Ele, a minha pessoa, a minha individualidade, o meu *eu*. Tal dom requer que eu renuncie a ser o meu próprio fim em tudo; que renuncie a toda estima própria e final, isto é, a toda estima que se dirige tão-somente a mim, sem visar mais longe, em virtude de minhas qualidades, dos meus talentos, ou dos serviços que quiçá tiver prestado. Requer que eu renuncie a toda afeição que me visa a mim tão-somente, com a delicadeza da esposa que quer apenas possuir o coração do esposo e receber só dele todas as atenções. Quanto aos demais afetos, só os desejarei, se for um meio de levar as almas a Jesus, que, unicamente, merece ser o alvo de todo coração.

Dar minha personalidade é oferecer a Jesus meus prazeres, e neles renunciar ao meu *eu*. É guardar só para Ele todo o segredo das minhas penas, pois Jesus só viverá em mim à medida que se tornar a personalidade, o *eu* que receberá toda estima, toda afeição, que me procurar dar. De outra forma, seria eu e não Ele somente, que continuaria a viver.

Finalmente, para corresponder ao Dom Perpétuo que Jesus me faz da sua Eucaristia, devo em entregar todo e para sempre a Ele. Os motivos que, primeiro, me levaram a amá-lo são os mesmos que agora me impelem a continuar. São motivos que se multiplicam sempre, que se tornam cada vez mais imperiosos, porque, cada dia, Jesus renova para mim seus prodígios de Amor. Devo, portanto, ser dele, num mesmo abandono, seja qual for a vocação, ou o estado interior: nas lágrimas e na alegria, no fervor e na aridez, na paz e nas tentações, na saúde e no sofrimento. Se Jesus se dá a mim, em todos esses estados, eu também me devo dar a Ele nuns e noutros.

A Ele ainda devemos nos dar no cumprimento de todo dever. Os trabalhos diversos ditados por sua Providência, são simples aparências exteriores, formas diferentes de vida. Jesus dá-se-me em todos, pedindo-me em todos o mesmo dom de mim mesmo.

"Quem, jamais, me há de separar da Caridade de Jesus que está em mim, vive em mim, me leva, me incita a amá-lo? Nem a tribulação, nem as angústias, nem a fome, nem a nudez, nem o perigo, nem a perseguição, nem a espada. A tudo venceremos por amor daquele que tanto nos amou primeiro.

III

Há três modos, pelos quais podemos pertencer a Jesus. Em primeiro lugar, o amor da lei, que se contenta com o cumprimento do dever, amor necessário a todos, amor da consciência, que não quer ofender a Deus, amor que tem graus, suscetível de alcançar uma alta perfeição.

Quando refletimos nos direitos de Deus sobre nós, enquanto Criador, Redentor e Santificador, é-nos motivo de surpresa querer Ele recompensar semelhante amor. No entanto, sua imensa Bondade assim procede e essa simples fidelidade ao dever basta para ganhar o Céu. Mas infelizmente, quantos nem a esse preço, o querem!...

Em segundo lugar, o amor de dedicação, amor de tantas almas santas, que praticam no mundo as virtudes da vida cenobítica, virgens fiéis, verdadeiros lírios no meio de espinhos, esposas dedicadas, que governam suas famílias sob o Olhar de Deus, para cuja Glória educam seus filhos, viúvas consagradas ao seu serviço nas obras de piedade e de assistência ao próximo; amor que leva o religioso a procurar os mosteiros; amor grande, livre e terno, que faz com que a alma se entregue ao bel-prazer divino; amor glorioso para Deus, porquanto é o apostolado de sua Bondade.

Em terceiro lugar, há o amor régio do coração, que a tudo domina. Amor de cristão que entrega não somente a Deus sua fidelidade, sua piedade, sua liberalidade, mas ainda o prazer de sua vida; sim, o prazer do gozo legítimo que nos traz a piedade, a vida cristã, as boas obras, a oração, a Comunhão.

Quem oferece ao bel-prazer divino suas alegrias e seus gozos espirituais em sacrifício? Quem renuncia às alegrias, aos prazeres íntimos e pessoais? Quem sofre suavemente, silenciosamente, por amor a Jesus, que será seu único confidente, seu único consolador, seu único protetor? Ah! quem se lembra disso?

Mas será tal amor possível? Será, sim, ao amor sincero. E nisto consiste a verdadeira delicadeza, a verdadeira força do amor — direi mais — sua inefável alegria: *"Superabundo gaudio in omni tribulatione nostra!"* "Superabundo de alegria, no meio de minhas tribulações", exclamava o grande amante de Jesus.

Possamos nós também dizer o mesmo: Jesus me basta. Sou-lhe fiel e seu Amor é toda a minha vida!

A Comunhão, Sacramento de Unidade

"Sicut tu, Pater, in me, et ego in te, ut et ipsi in nobis unum sint."

"Como vós, ó meu Pai, estais em mim e eu em vós, que eles também sejam um só em nós." (Jo 17,21)

A união de Deus conosco é o remate da obra da reabilitação divina operada pela Comunhão! Comunhão! Nome tão significativo, em si! Não é mais uma união moral, união de sentimento e de amizade, mas, sim, união de substâncias, mais próxima, mais vizinha da União Hipostática do que qualquer outra união, a não ser a Maternidade Divina.

A natureza humana, pela Encarnação, se uniu à Natureza Divina na unidade de Pessoa. Quem via a Nosso Senhor, via a Deus. Ora, Jesus Cristo, Deus e Homem dá-se a nós, operando um Mistério análogo àquele que se operou no seio de Maria. Santo Agostinho, referindo-se à dignidade do sacerdote, dizia: *"O veneranda sacerdotum dignitas, in quorum manibus velut in utero Virginis Filius Dei incarnatur"*(*Aug. sup. Psalm.*) Das mãos do Padre a Eucaristia passa em nossos corpos, e unindo-se a nós, prolongando a Encarnação, estende-a a cada alma em particular. Ao encarnar-se em Maria, o Verbo visava essa encarnação em cada alma, sendo um dos fins de sua vinda ao mundo essa união particular da Comunhão, que é a dilatação e o desenvolvimento radical da Encarnação, bem como o complemento do Sacrifício augusto do Calvário, renovado diariamente na Santa Missa. Um Sacrifício sem Comunhão seria incompleto, porquanto é para unir-se ao sacerdote e aos fiéis que Jesus Cristo desce na Consagração.

O Corpo de Jesus Cristo une-se, por conseguinte, ao nosso corpo, sua Alma à nossa alma, enquanto sua Divindade paira sobre ambos. Nosso corpo está, por assim dizer, encaixado no Corpo de Nosso Senhor, que, sendo mais digno e mais nobre, envolve-nos, domina-nos. Dele nos revestimos. É o Corpo do nosso corpo; seu Sangue corre-nos nas veias. Fundimo-nos nele numa inefável união. Ah! quão magnífica é essa união do Corpo glorioso e ressuscitado de Nosso Senhor com nossa mísera natureza, espetáculo celestial, visível a Deus e aos Anjos, invisível, porém, aos olhos terrestres. Quando duas ceras se fundem sob o calor do fogo, misturam-se até constituírem uma só e mesma coisa, embora os elementos de ambas estejam presentes, suscetíveis ainda de separação. Idêntica união se opera na Comunhão. Perdemos, é verdade, essa Presença Corporal, ao consumirem-se as Espécies, mas, se o pecado não afastar a Nosso Senhor, nosso corpo continuará a participar da virtude do Corpo de Jesus, dele recebendo força, graças, integridade e costumes. Vegeta da seiva de Nosso Senhor. Espiritualiza-se. Não sentis, depois da Comunhão, amortecerem-se as paixões e reinar a paz nos vossos membros? Há febres ardentes que se curam com gelo. Jesus cura o ardor da nossa concupiscência com a pureza do seu Corpo virginal. Nas palavras de São Cirilo, tornamo-nos, pela Comunhão, consangüíneos de Jesus Cristo, *"consaguinei et concorporei"*. O Sangue de Jesus Cristo corre-nos nas veias. Mudamo-nos nele. *"Non ego mutabor in te nec tu me in te mutabis, sicut cibum carnis tuae: sed mutaberis in me. – Immiscemur.* No dizer de São João Crisóstomo, misturamo-nos com Jesus. Deixemos, pois, nosso coração reformar-se nesse molde divino e nele germinar para a glória.

E a alma? Jesus Cristo dirige-se diretamente a ela e diz-lhe: "Quero desposar-te para sempre": *"Sponsabo te mihi in sempiternum!"* Jesus em nós, visa, sobretudo, à alma, e o corpo não passa duma antecâmara. E, se é o primeiro a receber a honra, Nosso Senhor apenas passa por ele para dar-se à alma e comunicar-lhe sua Vida Divina. A alma perde-se, por assim dizer, em Nosso Senhor, e Jesus, sem todavia nada lhe pedir, por enquanto, em troca, começa por lhe dar uma intuição de sua Bondade, que a penetra. E, se nos compenetrarmos bem dessa Bondade de Nosso Senhor, este sentimento de felicidade será imediato. Jesus é qual sol matutino, a cujo nascer tudo revive, tudo se expande.

Ele se quer comunicar tão copiosamente quanto possível, e o faz segundo a capacidade e as disposição de cada qual. Dá à alma bem disposta vida forte e incute-lhe uma resolução generosa, em virtude da qual jurará eterna fidelidade ao Esposo, procurando sempre aquilo que ama e sabe lhe ser agradável. Recebe, em troca, de Nosso Senhor, o sentido que lhe é próprio, e tão delicado, pelo qual Jesus discerne aquilo que diz respeito à glória do Pai, sentido este, que tudo aprecia sob o ponto de vista divino. A alma que não estiver animada por sentimento tão suave, se há de procurar em tudo e não pensará, mesmo ao comungar, senão nas doçuras que lhes pode trazer Nosso Senhor! A delicadeza é a flor do amor.

Demais, Jesus Cristo comunica à alma delicada a graça do esquecimento próprio, o abandono inteiro do *eu*. A alma que comunga deve chegar a amar a Nosso Senhor por Ele mesmo e saber se dar sem cogitar do que receberá em troca. Quem espera recompensa para tudo quanto faz, não agrada a Nosso Senhor. Viver de Jesus para si é bom, mas viver dele para Ele é melhor. "Tu me amas?", pergunta Jesus Cristo a São Pedro. "Sim, Senhor, eu vos amo." "Tu me amas mais que todos os outros?" São Pedro hesita e chora, mas suas lágrimas dão testemunho do grande desejo que tem de amar mais do que todos os outros. Então Nosso Senhor se alegra e entrega-lhe o rebanho a apascentar. É dar-lhe a mais pesada das cargas que jamais coube à criatura humana carregar, sem nada lhe prometer em troca. É que Ele quer o esquecimento de si mesmo e pede àqueles que na verdade o amam, que se percam a si mesmos, confiando-se inteira e generosamente a Ele, entregando-lhe todos os seus interesses, tanto da alma como do corpo, para o tempo e para a eternidade. Desconfiar, pedir pagamento, fazer qualquer reserva é, em geral, sinal de preguiça. Afirmar a Deus o nosso amor, quando Ele nos envolve com sua ternura, pouco vale. É na tempestade que devemos exclamar como Jó: *"Etiam si occiderit me, in ipso sperabo"*. Aqui, nós damos a nós mesmos; ali, só do supérfluo. Nosso Senhor não procura nenhum interesse pessoal no Amor que nos testemunha, pois não precisa de nós e só nos ama para nosso maior bem, para nos tornar felizes. Ele pede-nos tudo. Se, na verdade, queremos amar como Ele nos amou, não olhemos tanto para o que havemos de receber. Equivale, então, isto a dizer que não teremos recompensa e que nada nos será dado em troca de dom tão absoluto? Se Nosso Senhor nos pede tudo, é para nos dar mais, qual a mãe que, para pôr à prova a afeição do filhinho, lhe pede seus brinquedos e depois lhos devolve com outros melhores, feliz por verificar que é amada sobre todas as coisas.

Coragem! Ó vós, almas que viveis da vida eucarística, dai tudo a Nosso Senhor: vossas obras, vossos méritos e, sobretudo, vosso coração com todos os seus afetos, por mais lícitos e legítimos que sejam. É, bem sei, árduo, é a agonia do pobre coração humano. Mas, quando pensamos a quem damos, ah! rápida deve ser nossa decisão.

A Comunhão é ainda o meio que tem Nosso Senhor de nos ligar ao seu Pai, pois, se Ele só nos recompensasse em virtude dos méritos pessoais e da nossa qualidade de criaturas, jamais poderíamos esperar senão uma felicidade natural. Mas Nosso Senhor associou-se à nossa natureza, sociedade essa que renova e aperta pela Comunhão, atestando ao seu Pai quanto nos ama e quanto quer que lhe permaneçamos unidos. Então o Pai obriga-se a nos coroar juntamente com seu Filho, porque não pode separar a Cabeça e o Coração dos demais membros. Então a Comunhão nos dá um acesso tão fácil ao Céu, que nos leva, por assim dizer, de surpresa, à glória.

Mas, eis aqui o ponto mais sublime da Eucaristia. Se, na terra, Jesus só procurou a glória paterna, Ele não quis, ao abandoná-la, que seu Pai deixasse de receber a homenagem de suas ações teândricas. Então, continuando-se e multiplicando-se nos bons comungantes, e apresentado-se ao Pai, diz-lhe: "Vim para, à vossa Direita, gozar da minha Glória, mas encarno-me novamente em todos esses cristãos, para, por eles, e neles, vos honrar mais ainda, e deles e de mim fazer um só religioso da vossa Glória".

Ah! quão admirável é o modo pelo qual Nosso Senhor alia a Glória de seu Pai à nossa felicidade. Maravilha incompreensível do Amor do Filho para com o Pai e para conosco! Indústria divinal, que nos torna participantes da glória e merecedores duma recompensa ainda mais abundante!

Seja, portanto, a Comunhão o eixo da nossa vida e das nossas ações. Vivamos para comungar e comunguemos para viver santamente e glorificar a Deus em nós que, um dia, nos há de glorificar com magnificência na sua eterna bem-aventurança.

A vida de amor

"Nos ergo diligamus
Deum, quoniam Deus
prior dilexit nos."

"Amemos a Deus, porque
Deus nos amou primeiro."
(1Jo 4,19)

I

A alma, desejosa de galgar o cume da perfeição evangélica, e penetrar até a vida de Deus, deve começar por bem fundar-se no amor, porquanto é verdade certa que o amor faz a vida: tal amor, tal vida. Nada custa ao amor que se quer satisfazer. Para que o homem se dedique e se dê, é preciso, primeiro, ganhar-lhe o coração. E isso é próprio de sua natureza. Mas, uma vez que se dispõe do coração, se dispõe também da vida toda.

O amor, sendo a nossa principal paixão, a todas as outras arrasta. Procuramos o bem que nos é agradável e fugimos do mal, que nos inspira receio ou ódio, conforme esperamos poder obter o bem ou não poder fugir da desgraça. Nosso coração se deixa levar pela alegria ou pela tristeza. O amor, precedendo sempre os movimentos das nossas paixões, leva-as consigo.

O mesmo se dá com a natureza. A mãe, para educar o filho e se fazer obedecer, começará por conquistar-lhe o amor e, para consegui-lo, lhe prodigalizará, primeiro, o seu. Para fazer-se amar, amará.

Assim procede Deus para com o homem, criatura sua, cuja força colocou no coração, e não no espírito ou no corpo. Fará como a mãe junto ao filho. Já que tudo criou para seu serviço, é pelos seus dons e pelos seus benefícios que ao homem se manifestará.

Com o correr dos tempos, pela Encarnação do Verbo, Ele se tornará visível ao homem decaído. Jesus Cristo ama o homem. Revela-lhe que desceu do Céu unicamente por amor; para tornar-se seu companheiro, seu irmão, viver com ele, partilhar dos seus trabalhos e das suas penas e lhe procurar as riquezas da Graça e da Glória. Jesus Cristo é, portanto, para o homem, a manifestação do Deus de toda Bondade, de toda Caridade. Por amor a ele, morre em seu lugar, tornando-se penhor e vítima pelas suas culpas. Uma vez terminada sua obra de Redenção, a fim de não se separar dele, mesmo na sua Glória, institui o Sacramento da Eucaristia, que, perpetuando sua Presença na terra, atesta, de modo sensível, a vitalidade do seu Amor.

É Jesus Cristo quem, uma vez cometida a ofensa, lhe vai ao encontro, e lhe oferece o perdão. E, se não lhe incutisse no coração esta centelha amorosa, o pecador jamais havia de se arrepender. E, quando, por malícia diabólica, este recua a graça do perdão, por não querer se corrigir, é ainda Jesus Cristo quem o subtrai dos golpes da Justiça do Pai e, cobrindo-o com o manto da Misericórdia, implora por ele graça e paciência. Sua Bondade, incansável, espera anos e mais anos. E se, finalmente, o coração do pecador se abre ao arrependimento, Jesus só tem para com o penitente palavras de amor. Ah!

se Jesus Cristo é tão Bom, havemos nós de ofendê-lo, desgostá-lo ou recusar corresponder ao seu Amor?

II

Mas a Força e o Poder do Amor de Deus estão em ser este um Amor pessoal, que se dirige a cada um de nós, como se estivéssemos sós no mundo.

Quem se compenetrar bem desta Verdade divina, isto é, de que Deus o ama pessoalmente e só por Amor a ele criou o mundo com todas as suas maravilhas;

— que, só por Amor a ele, se fez Homem e se lhe tornou guia, servo, amigo, defensor, companheiro de jornada para o tempo e para a eternidade;

— que, só para ele instituiu os Sacramentos:

— o Batismo, que, em virtude das Graças e dos Méritos de Jesus Cristo, o torna filho de Deus, herdeiro do reino celeste;

— a Confirmação, que lhe traz o Espírito Santo, sua Pessoa e seus Dons;

— a Eucaristia, que lhe dá a Pessoa do Filho de Deus, Jesus Cristo, com suas duas Naturezas, sua Glória e suas Graças;

— a Penitência, que lhe fornece um remédio eficaz para todos os males, um bálsamo de ressurreição para a própria morte;

— a Ordem, que lhe chega através de uma sucessão ininterrupta, a fim de santificá-lo;

— o Matrimônio, que lhe purifica e diviniza o estado conjugal — símbolo da união de Jesus Cristo com a Igreja;

— a Unção dos enfermos, viático de força e de doçura, que lhe suaviza a hora suprema;

— se o homem lembrar ainda que Deus lhe deu uma Vítima de propiciação todo-poderosa, sempre imolada pelos seus pecados;

— que lhe pôs à disposição não só seus Anjos e Santos, como também sua augusta Mãe, para guardá-lo, ajudá-lo, consolá-lo e sustentá-lo;

— que lhe preparou um trono magnífico no Céu, onde está disposto a cumulá-lo de honra e de glória e nutri-lo com a vista e o gozo da Santíssima Trindade, que lhe será dado contemplar e alcançar sem véu e sem intermediário!

Ah! tal homem devia irromper de amor, dele viver e nele se consumir! Ó meu Deus, como pode haver na terra um único pecador, um só ingrato?

Mas vosso Amor é desconhecido. Precisa-se vê-lo de perto, e porque se é escravo duma criatura ou do amor próprio, dele se foge. Entretanto, deifica-se o corpo, procura-se o carinho do mundo, de cujos prazeres se quer participar e cujos louvores e glórias se quer receber. Numa palavra, quer-se viver para si.

Deixai, ó adoradores, que os escravos do mundo permaneçam atados servilmente a seu carro de triunfo, mas quanto a vós, declarai guerra ao inimigo do vosso Deus, sacrificai-lhe vosso amor-próprio e colocai-vos sob a lei do seu Amor. Então, gozareis duma felicidade sem par. A virtude se vos tornará natural, necessária, enquanto as lutas inevitáveis que a acompanham vos serão queridas e os sacrifícios que pede, amáveis. O amor é o triunfo de Deus no homem, e do homem em Deus.

III

Toda a perfeição do adorador consiste na doação contínua de si mesmo a Nosso Senhor, feita por amor, porquanto sua vida não passa duma criação contínua da Bondade divina, dum tecido de benefícios celestes. Quanto mais puro o dom, tanto mais perfeito será. Não deve, pois, haver no Serviço régio de Jesus nem reservas, nem condições. Amar puramente é amar a Jesus Cristo por Ele mesmo, pelo que é, e porque merece nosso amor por todos os títulos. "Não poderei eu, diz São Francisco de Sales, chegar-me a alguém para falar-lhe, vê-lo de mais perto, dele obter qualquer coisa, cheirar-lhe os perfumes e nele me apoiar? Então, na verdade, me aproximo dele e a ele me uno, mas o aproximar-me, o unir-me não são meu fim principal. São apenas meios e disposições que emprego para obter outra coisa. Mas, se a ele me chegar e unir, unicamente para ficar perto dele e gozar dessa proximidade e dessa união, será então uma união pura e simples".

"Jacó, diz São Bernardo, conchegado a Deus, está, todavia, disposto a afastar-se se, em troca, receber a bênção divina. Mas a Esposa dos Cânticos não o abandonará, apesar de todas as bênçãos que lhe queira dar. *'Tenui eum nec dimittam'*; porquanto não procura as bênçãos de Deus, mas o Deus das bênçãos, exclamando com Davi: 'Que poderá haver no Céu para mim, e que hei de desejar na terra a não ser vós? Vós, ó Deus do meu coração e meu quinhão para todo o sempre!'"

Mas, como alcançar tal vida, tal estado de amor? É fácil. O homem é amor. Não aprende a amar. Ama e dá-se. Mas é a vista, a contemplação do objeto amado, que lhe desperta o amor, nutrindo-o e elevando-o até torná-lo a paixão mais nobre da vida. É também a verdade conhecida por meio de sua beleza e sua bondade — bondade toda pessoal, que visa cada qual em particular. Vede São Paulo. Contemplou Jesus Cristo, ouviu-lhe a voz, e logo, compreendendo o Amor da Cruz, exclamou: "Cristo me amou e se entregou por mim à morte". *"Christus dilexit me et tradidit semetipsum pro me*, pensamento que o fará chorar, enternecido, enquanto seu coração se dilatará movido pela ação poderosa do fogo do Amor de Jesus. Ambiciona logo fazer algo de grande por amor daquele que tanto o amou. Abraça os mais penosos sacrifícios, e desafia todos os tormentos, todas as mortes, todos os poderes de jamais o separarem do Amor do Senhor Jesus.

"Caritas Christi urget nos." A Caridade de Cristo insta-o, impele-o. O mundo é estreito demais para conter-lhe o fogo do amor. Quisera dispor dos corações de todos os Anjos e de todas as criaturas, para melhor poder amar. Dedica-se, cheio de zelo, à conversão das almas, a fim de afeiçoá-las a Jesus Cristo, fruto natural e simples do amor. O verdadeiro amante quisera amar a Deus tanto quanto Deus o ama, e amar a Jesus tanto quanto merece o Divino Mestre.

Quereis, na verdade, viver de amor, fruir da felicidade dessa vida de amor? Pensai continuamente na Bondade sempre nova de Deus para conosco, acompanhai a obra do Amor de Jesus em vós. Começando vossas adorações por um ato de amor, abrireis vossa alma deliciosamente à ação de Jesus. Mas, se começardes sozinho, ou por um ato de outra virtude qualquer, não progredireis, ou errareis o caminho. O filho, que vai praticar um ato de obediência, beija primeiro a mãe, pois o amor é a porta única do coração.

Antes de cumprir com algum dever penoso, fazei um ato sincero de amor: "Meu Deus, amo-vos mais que a mim mesmo, e para vo-lo provar praticarei generosamente tal ato de caridade, de abnegação ou de paciência". E o ato de amor, uma vez produzido, a ação árdua já vale, está feita perante Deus, por assim dizer, e, quanto a nós, terá mudado de natureza. É nosso amor-próprio que nos aflige, alimentando a repugnância natural no cumprimento dos deveres e na prática da virtude. Ora, o primeiro efeito do Amor Divino reinando numa alma, é a guerra contínua que faz ao amor-próprio, isto é, à sensualidade da vida, à ambição do coração, ao orgulho da inteligência e ao espírito do mundo — que não passa de mentira e egoísmo.

Quanto maior for o Amor Divino, mais militante será. Não se contenta em afastar o mal. Quer mais ainda. Põe sua virtude na mortificação, na imolação, que constitui a emancipação cabal e a libertação completa de si mesmo.

O segundo efeito do amor é ser o inspirador habitual da vida e a regra inflexível e invariável de todas as suas ações.

Que quer Jesus Cristo neste momento? Tal pensamento, tal desejo, tal ação poderá, por acaso, servir à sua Glória?

Eis a lei do verdadeiro amor. Não olha para o que dá, e sim para o que merece seu Bem-Amado.

A perfeição do amor

"Suspectus est mihi amor cui aliud quid adipiscendi spes suffragari videtur. Amor habet praemium sed id quod amatur. Praeter se non requirit causam, nom fructum: amo quia amo: amo ut amem."

"É-me suspeito todo amor que espera obter outra recompensa que o próprio amor. O prêmio do amor é o objeto amado. Não precisa de outra causa, nem outro fruto do que de si mesmo. Amo porque amo, amo para amar." (São Bernardo).

I

Há duas espécies de amor divino. O primeiro ama a Deus por si, pelos seus benefícios e pela recompensa que espera obter no Céu. Ama-se a si mesmo em Deus. É amor da lei. É bom, muito bom. É o primeiro mandamento, único que impõe a todos, e não se pode, estritamente falando, exigir mais. Quem o possui, está salvo. Esse amor glorifica a Bondade, a liberalidade e a munificência de Deus para conosco. Muito bem.

O segundo, porém, resulta do reconhecimento pelos benefícios insignes concedidos por Deus a certas almas. É mais exigente. Deus vos prodigalizou suas graças. Não vos quis dar o necessário, mas, sim, o supérfluo. Não deveis, portanto, tampouco, contentar-vos em proceder qual jornaleiro, se tendes os direitos de filho de família, pelas graças recebidas. Ora, o filho não trabalha somente pelo salário, mas por amor, que é sua lei. E o amor não tem limites. "A medida do amor, disse São Bernardo, é amar sem medida". *"Modum esse diligendi Deum sine modo diligere."* Se Deus, na verdade, a tanto não nos obriga, é para nos proporcionar o gozo de lhe dar mais do que pede. Que vergonha para nós, impor-nos Deus o seu amor, dizer-nos a nós, criaturas racionais, a quem dispensou fartamente os dons, que lhe conhecemos o Amor imenso que nos tem: "Amar-me-eis mais do que às criaturas, ao ouro, ao prazer, e , em troca desse amor, dar-vos-ei meu Paraíso". E, ai de nós, nem sequer recebe Deus do homem semelhante amor.

Mas, quando nós, seus amigos, poderemos nos contentar com tão pouco? Não, nunca! Deus é generoso para conosco. Sejamos generosos para com Ele. Deixa-vos Ele o campo livre — liberdade que leva ao heroísmo do amor, pois querendo agradar e causar surpresa, ultrapassa-se à simples obrigação. A nós cabe amá-lo tanto quanto possível. Ora, Deus nos disse: *"Sponsabo te mihi in sempiternum"*. "Desposar-te-ei para todo o sempre." A esposa se deve dar toda ao esposo, e tudo perder, tudo deixar, pátria, pais, família, o próprio nome e personalidade, por amor a ele. *"Erunt duo in carne una."*

Ora, tal é o puro amor de Deus, que nos leva a exclamar: "Meu Deus, amo-vos por Vós e só para Vós!" Amor que, sem excluir a esperança, ou a idéia do Céu, todavia não descansa nesses sentimentos, habitualmente, como motivo dominante. Cientes de que será bom e generoso para conosco, se o formos para com Ele, dizemos, no entanto: "Mesmo — o que é impossível — se não houvesse Paraíso para recompensar meu amor, eu vos havia de amar, ó meu Deus, da mesma forma, porque mereceis, por Vós mesmo, todo o meu amor. Seja minha recompensa amar-vos: *"Fructus ejus, usus ejus"*. Tudo o que fizer, fá-lo-ei para amar-vos e provar-vos meu amor.

E, que é isto para um Deus que tanto nos ama? Pouca coisa! Assim procedemos na vida natural. Vede as crianças pobres das cidades que, desde pequeninas, trabalham nas fábricas o dia todo, para sustentar os pais, paupérrimos, sacrificando-se por eles. E isto lhes parece simples e natural, pois não pensam no que lhes custa, mas só consideram o amor, que lhes é toda recompensa. *"Amor habet praemium, sed id quod amatur."* Faremos, por acaso, menos por Deus? Mostraremos maior dedicação ao pai terrestre do que ao Pai Celeste? Ah! pais, mães, vós destes o exemplo, sacrificando-vos pelo bem dos vossos filhos e unicamente por eles! E todos procedem da mesma forma. Se, ao passardes pela rua, presenciardes algum desastre, correreis em auxílio do ferido, embora desconhecido, sem esperar remuneração alguma em troca. Pois bem. Deus é blasfemado, Jesus Cristo renova constantemente sua Paixão. Por que não haveis então de sofrer por Ele e vos dedicar a sua Glória?

E que se não diga: "É elevado demais para mim". A primeira necessidade do coração é dar mais do que deve. O demônio vos insinuará continuamente que não deveis aspirar a esse amor de dedicação, bom para os grandes Santos, mas presunção e orgulho em se tratando da vossa pessoa! Ah! não se trata aqui de orgulho! Amai sem conta e, à medida que crescerdes no amor, haveis de vos compenetrar cada vez mais do vosso nada e da Santidade e Majestade de Deus.

É freqüente ouvir-se dizer: "Quero permanecer aos pés de Nosso Senhor. Sou indigno de me elevar mais alto". Mas, que inconseqüência! Aos pés de Nosso Senhor! É o lugar da Santíssima Virgem! Julgais, por acaso merecê-lo? Sem considerar o que vos cabe, o que mereceis, dizei, pelo contrário: "Não fiz bastante, devo amar mais e sempre mais". Na terra, ninguém merece ser amado por si e para si mesmo, e sim pelo reflexo que traz em si. Deus, porém, é o fim supremo que unicamente merece ser amado pelo que é: Santidade e Amor incriados e infinitos. Embora aprofundardes seu conhecimento e crescerdes no seu amor, jamais conseguireis amá-lo plenamente. A alma interior, amando sempre mais, porque melhor compreende quem é Deus, chegará a amá-lo pelo próprio Jesus Cristo, que lhe inspira o amor, e a reveste dos seus Méritos infinitos; chegará a amá-lo de um amor, por assim dizer, infinito e cuja recompensa só poderá ser infinita e eterna. É Jesus quem ama nela.

Amai, pois, e dai sempre, sem receio de jamais dar bastante. Nosso Senhor não põe limites ao amor que dita aos seus amigos. "Amai-me como meu Pai me amou e como Eu vos amo, e vivei e permanecei no infinito Amor com que amo a meu Pai". Amemos, pois, a Deus, por Ele mesmo, por sua excelência, e porque o merece. Seja este o motivo dirigente e dominante de nossa vida.

II

Para conseguir isto, deveis, em primeiro lugar, fazer tudo pela sua glória, prestando-lhe a homenagem, tanto do bem que está em vós, como daquele que resulta dos vossos atos. E por que tal sacrifício? Para agradecer a divina Bondade e glorificar o Amor de Deus. Pensai amiúde, cheio de gratidão, na sua Bondade. Agradecei-lhe freqüentemente, louvai-o e exaltai-o, não tanto pelo que vos há de dar um dia, mas porque é Bom e Santo, feliz em Si mesmo, e porque vos dá a conhecer sua Bondade e sua Felicidade, e se digna manifestar-se a vós.

Em segundo lugar, a regra soberana de todas as vossas ações deve ser sua Vontade. Em todo e qualquer acontecimento, dizei, sem hesitação e sem dó: "Se Deus assim quer, eu também quero, pois sua Vontade é a expressão de sua Bondade para comigo". Que esse espírito vos inspire no cumprimento dos vossos deveres.

Por que quererá Deus antes isso que aquilo? Não sei, nem me preocupo. Perguntar-lho seria falta de respeito, de confiança. Não é Ele a Bondade e a Sabedoria mesmas? Meu Bem e minha glória? Haverá imprevistos para Ele? Querer sondar os motivos da Vontade Divina, é querer obedecer à vontade própria.

Deus quer tal coisa. Vós o sabeis, é quanto basta. O mais, não vos deve interessar. "Mas é difícil." Que importa? É a parte de Deus. *"Deus o quer"*, é o bastante; o resto vai por si. É a obediência cega e passiva, em virtude da qual obedecemos unicamente porque Deus é nosso Mestre; foi a obediência constante de Nosso Senhor em vida: "A tarefa que me confiastes está feita". Tendo sido enviado à terra pelo Pai, para cumprir com sua santa Vontade, nada pôde fazer ou dizer a não ser por ordem sua.

E como nos será dado conhecer a Vontade Divina? Em primeiro lugar, pelos deveres, deveres de estado, sejam quais forem, e quando esses se calam, no tempo livre, se amardes de fato a Deus, fareis ainda o que for do seu agrado. "Quero amar a Deus mais que a mim mesmo", exclama a alma amante e "se entre duas coisas que a Ele me levam, uma, embora mais penosa, agrada mais a Nosso Senhor, escolhê-la-ei". Escolha livre, sem luta nem hesitação. Tal alma quer em tudo e de antemão, o bel-prazer de Deus. Quem olha ao que dá, não tem espírito de família. *"Hilarem datorem diligit Deus."* É amor-próprio escolher de preferência o que mais agrada e menos custa, é o satisfazer-se a si mesmo. Ao coração amoroso, nada custa. Se, porém, vos custar dar tal coisa a Deus, mais vale não dar do que dar a contragosto. Não falo do homem carnal, que está sempre — é natural — a se queixar. Se lhe tirardes tudo, se o crucificardes, é justo que grite. Não lho proibais. Mas o homem espiritual, a vontade superior, deve dar sem pesar. Quantos sacrifícios árduos não nos impõe a vida de todo o dia! E fazemo-los de bom grado, sem culpar a ninguém. Deus merece igual generosidade da nossa parte.

Finalmente — e nisso reside a perfeição do amor — a alma amante chegará a colocar os atos de amor unicamente naquilo que custa. Até então, embora não se procurasse, sempre se encontrava, pois anima e consola trabalhar pela glória divina e colocar sua vontade na de Deus; beatifica, porque a alma, firme no andar, goza duma paz divina, que nenhum acontecimento poderá perturbar. A Vontade de Deus, cumprida exatamente, sereniza as curiosidades do espírito, o afeto do coração, os próprios sentidos. Pode-se, é verdade, passageiramente, sofrer isso ou aquilo, mas no fundo reina uma paz soberana, porquanto a guerra só está onde Deus não reina de modo absoluto. E então o amor puro se exercerá naquilo que imola, partindo do princípio de que o verdadeiro amor nasce do sacrifício inteiro de si mesmo em tudo. A essência do puro amor está nos sacrifícios e nos sofrimentos escolhidos. Não nos disse Nosso Senhor: "Não há maior amor do que dar sua vida pelo objeto amado"?

Ele fará sofrer e sofrer incessantemente a alma que se entregou a Ele, para entrar em plena posse, e a aniquilará e tomará seu lugar. Será bem penoso! Será, mas como renasce a todo momento a tentação de voltar a ser o que era, Deus a combaterá e fará sofrer. Anula o espírito, abafa o coração.

Mergulha o espírito que hesita em se dar inteiro, nas trevas e nas tentações, quer contra a fé, ou a esperança, quer perturbando sua confiança em Deus, quer, até, lançando-a no desespero. Não gozará mais da paz, enquanto o espírito não se entregar plenamente a si mesmo, renunciando totalmente às suas próprias luzes. Os diretores nada podem contra semelhante estado. Raciocinam e falam da Bondade de Deus, mas esta se encobre, enquanto o passado nos apavora e o presente nos faz tremer. Que fazer? Tudo aceitar. Deus, que vos quer neste estado, não vos dará satisfação alguma, enquanto não vos ouvir dizer: "Eu nada sou senão pecado. Submeto-me e peço-vos fazer tudo quanto vos aprouver. Quereis que me provoquem, me atormentem? Também eu o quero. Tudo vai bem. Em vez de vos oferecer as boas ações, visíveis aos meus olhos, levo-vos minhas misérias, que me dais a conhecer, e, embora não as ame, por elas vos hei de glorificar". E Deus, satisfeito, permanece convosco. Que importa o resto? O importante é não descer a minúcias. Se exclamardes: "Deus me abandona, que me vai acontecer?" — será de enlouquecer. O que interessa a Deus é saber se vós o amais mais que a vossa vontade, mesmo sobrenatural. Tranqüilizai-vos, pois, até no inferno o haveis de glorificar. Quereis acrescentar ainda à sua glória?...

O coração, afetuoso por natureza, depois do gozo do paraíso, encontra-se agora no gelo e nas angústias, a ponto de um ato de amor parecer-lhe uma blasfêmia. Que fazer? Levar o coração pelo raciocínio, entrar em luta com ele? Isso só agravará o caso. Melhor será exclamar: "Amando-vos na doçura, ó meu Deus, eu era bem feliz; agora, porém, estou numa terra árida e sem água. Pois bem, amar-vos-ei mais do que a doçura do vosso amor. Meu coração quer negar meu amor, mas eu vos amarei, apesar do coração, apesar da vontade".

Deus, ao querer apoderar-se da alma, entrega-a a essas lutas terríveis. Não para se satisfazer a si mesmo, mas sim para argumentar nossos merecimentos. Atormenta-nos para multiplicar o mérito e a glória. Se esse estado perdurar, apesar de todos os esforços empregados em contrário, sabereis que provém de Deus. Dizei, então: "Quereis que eu vos ame mais que a toda a minha vida espiritual? Eu também o quero e, vivo, coloco-me no túmulo". Se quiserdes unir-vos a Deus, é preciso chegar a tal ponto. Ele quer ouro, e não terra nem amálgama. A união com Deus solda-se no fogo, e a alma que enreda nesse caminho adquire uma extraordinária liberdade interior, que não se prende a nenhuma prática, a nenhum estado particular. O estado em que se encontra, é toda a sua vida, pois Deus aí a colocou, e ninguém a poderá afastar.

Alegareis, talvez, que isto estupidifica. Equivale a privar-se de toda ação, de toda iniciativa. É verdade, mas esse é o caminho pelo qual Deus leva as almas de escol. Não lhes tem Ele um Amor imenso? Contentai-vos em vos amar como Deus vos ama, entregando-vos a Ele e dizendo-lhe com São Boaventura: "Já que me amais mais do que eu a mim mesmo, não mais me ocuparei com minha pessoa, abandonando-vos esse cuidado, para só de Vós me ocupar". *"Scio quia plus quam ego me diligis. De me igitur amplius non curabo, sed solum tuis deliciis inhoerebo: et tu mei curam habeto"* (Stim. Am., p. II, c. 2).

A graça de vida

"Ait illis Jesu: Venite post me. Ait illi continuo, relictis retibus, seculi sunt eum."

"Jesus disse a Pedro e André: "Segui-me". E eles, deixando suas redes, seguiram-no." (Mt 4,19-20)

I

Estas palavras, que encerram um grande mistério da vida espiritual, mostram-nos, ao mesmo tempo, que existem duas espécies de graças na vida sobrenatural: uma, ordinária e comum a todo cristão, põe à nossa disposição os sacramentos, a oração e os outros meios de salvação. Foi a graça de Pedro e de André, quando Jesus os chamou; gozavam da graça ordinária, praticavam a via de penitência pregada por João Batista, cumpriam com a lei. Era-lhes isto uma garantia de salvação.

Todavia, Nosso Senhor convida-os a segui-lo. E por quê? Para colocá-los na graça de perfeição, na graça de sua santificação. Todos recebem as graças comuns e, se a estas corresponderem, hão de se salvar. Todos, porém, não recebem uma graça especial, de favor, mas, sim, a alma a quem Nosso Senhor ama com amor privilegiado.

É uma graça de perfeição. Constitui toda a vida da alma, toda a santidade. Não lhe basta o cumprimento da lei; vai além. É, repito, uma graça que não é dada a todos; longe disso. E se todos são chamados à salvação pelo cumprimento da lei, poucos serão chamados à perfeição pelo amor.

Feliz de quem possui essa graça régia, quinhão de toda alma verdadeiramente piedosa. Deve-se conhecê-la e segui-la, pois seu progresso e sua perfeição dependem do modo pelo qual lhe há de corresponder.

Dar-vos-ei um exemplo, que melhor ilustrará este princípio. Os seres menos perfeitos dependem, na natureza, dos mais perfeitos; alguns completam outros; são absorvidos por seres superiores, que deles se nutrem para, unidos a eles, formar um todo único.

Na ordem moral, dá-se o mesmo. A sociedade é uma hierarquia: há governantes e governados; autoridade e obediência, pois, noutra base não seria possível constituir-se uma sociedade.

Ora, na ordem sobrenatural há também graças soberanas, acessórias e complementares. Qualquer uma das graças soberanas basta para levar à perfeição. Comunicam às demais movimento e vida; são a estampa e o caráter de uma vida. Aos Apóstolos coube a graça soberana de seguir Jesus pelo amor. Não tivessem eles correspondido, talvez tivessem se salvado, mas nunca teriam alcançado a perfeição evangélica. Mas foram atentos, e isto lhes constituiu a graça da santidade, a lei da vida, a condição de sua felicidade.

II

A graça soberana tem por resultado, primeiro, indicar a alma a linha a seguir na sua conduta exterior, e, segundo, conduzi-la a uma vocação especial.

Essa graça das graças, moldando o caráter da piedade, da virtude, da vida, será o motor de todas as ações, de tal sorte que a alma obedecerá sempre e em tudo a um ritmo único.

A alma que tiver, por exemplo, uma graça soberana, um atrativo dominante pela Paixão, terá continuamente presente os sofrimentos de Jesus Cristo. A Paixão do Salvador será seu pensamento habitual, enquanto suas virtudes, seu amor, sua vida nela se inspirarão.

Outra terá uma graça soberana pela penitência, e nesse atrativo encontrará sua santidade. Para ela, tudo converge à penitência, na qual se fixará e que imprimirá um caráter penitente a todas as suas virtudes, de acordo com esse atrativo de sua vida.

E por que dá Deus essas graças de caráter, de atrativo? Por motivo divino. O espírito humano é por demais limitado para alcançar o conjunto das virtudes, ou fitar a todas num só olhar. Seria um esforço supremo, uma falta de simplicidade, uma causa de sofrimento. O impulso de sua vida deixaria de ser único ou central. As linhas seriam paralelas, mas os raios não haviam de convergir para um mesmo ponto. Deus, ao conceder uma graça dominante, visa aperfeiçoar a alma com seu caráter próprio, e essa graça, simplificando a vida e os atos, encurta o caminho.

Cada alma deve procurar conhecer sua graça dominante. Nisso consiste o trabalho interior e da correspondência depende toda a sua vida espiritual.

III

A graça mais excelente, o atrativo supremo é o que nos leva ao Santíssimo Sacramento. Não digo isso porque Deus no-la incutiu, mas porque sinto que é verdade. Considerada em si, essa graça é superior ao atrativo da Paixão, ou de qualquer outro Mistério, e superior até ao atrativo do Céu, da beatitude eterna. E por quê? Porque seu objeto é mais perfeito, mais apto a nos santificar, a nos tornar felizes. Essa graça, na verdade, nos aproxima mais de Jesus do que qualquer outra. A união com Ele é mais íntima, enquanto a chama do seu Amor nos envolve por todos os lados. A nós cabe cooperar e unir nossa pequena flâmula a esse foco, a fim de que ardam uníssonos.

Esse atrativo pelo Santíssimo Sacramento é a graça das graças; imprime um caráter de vida mais perfeito. Traça-nos um caminho mais suave em relação aos demais Mistérios, enquanto todos os outros aí encontram sua vida e sua glorificação. Contém em si a glorificação de todas as virtudes, de todas as perfeições.

"Memoriam fecit mirabilium suorum." O Senhor fê-la o resumo de todas as suas maravilhas de Glória, de Virtude, de Santidade. Encerra, portanto, a todas as outras.

Essa graça eucarística é muito comum — é mesmo mais comum na piedade do que qualquer outro atrativo. E entre as almas que sentem o chamado à perfeição, a graça eucarística será a mais freqüente.

E por quê? Porque é mais fácil, está mais ao nosso alcance, seus meios são mais suaves, mais atraentes. Se, por exemplo, vos dirigir o pensamento da Paixão, será mister fazê-la reviver por uma fé intensa, por um grande amor: é um Mistério passado e longínquo que, separado da Comunhão, será um atrativo imolante e cruciante, enquanto a graça que nos leva à Eucaristia será uma graça de doçura, uma expansão do nosso amor em Jesus Cristo. Ora, é mais fácil se expandir do que se crucificar. Pela Eucaristia ireis ao Calvário, a Nazaré, a Belém; mas sem a Eucaristia estes Mistérios não terão vida atual e presente.

IV

E como se dá esse chamado tão forte que nos arrasta todo inteiro? Dir-vos-ei: Examinai, primeiro, o vosso interior. É uma espécie de educação que se faz.

Jesus Cristo, quando quer levar a alma pela graça soberana da Eucaristia, prepara-a primeiro por uma graça de sentimento, pouco apreciada, talvez, no princípio. No dia da Primeira Comunhão, um sentimento de felicidade, causado pela Presença de Jesus, nos deu um primeiro atrativo. Qual gérmen que, insensivelmente, se desenvolve sob a terra, esse também cresce despercebido. Mais tarde, devido aos nossos cuidados, se tornará uma necessidade, uma aptidão, um espírito, um instinto. Então, tudo nos leva à Eucaristia, e se esta nos vier a faltar, tudo o mais faltará igualmente. A alma possuída por esse atrativo volve sua piedade e suas virtudes ao Santíssimo Sacramento. A santa Missa, a sagrada Comunhão, se tornam para ela uma necessidade. Sente-se impelida a entrar nas Igrejas, a procurar o Tabernáculo, que aparece estar sempre a chamá-la. Que será? É sua graça soberana, que a educou e se tornou mãe de todas as outras graças, princípio e motor de todas as suas ações, e em virtude da qual exclamará: "Sinto-me cheia de devoção pelo Santíssimo Sacramento; só em sua presença me sinto bem, e isso sem esforços algum". É natural. Estais na vossa graça. Essa graça torna-se nosso espírito, imprime-se em todos os nossos pensamentos, palavras e atos enquanto tudo o que diz respeito à Eucaristia torna-se mais fácil para nós, mais agradável a executar e fazemo-lo com maior cordialidade. É um instinto, é a lei do coração, que influi sobre nossa vida e nos leva espontaneamente à Eucaristia, sem reflexão maior.

O espírito de família, na verdade, não se impõe por raciocínio. Sorvemo-lo com o leite materno; é-nos uma ciência infusa. Quando a graça eucarística se tornar nosso atrativo dominante, dar-se-á o mesmo conosco.

Quem possui a felicidade de uma graça semelhante, deve cooperar com ela, estabelecendo unidade na devoção e na prática das virtudes. É preciso que a oração e a contemplação dêem impulso a essa força e a desenvolvam. É preciso nutri-la pela leitura, pela prece. Quem quiser entreter o fogo, ajuntará sempre novo combustível. Se quiserdes dar vigor maior a vossa graça de vida, alimentai-lhe as forças, acompanhai-a sempre. A grande tentação do demônio é fazer-nos esquecer e perder de vista nossa graça soberana em troca de coisas triviais.

Digo — e não receio um desmentido — que toda pessoa que comunga diversas vezes na semana, tem pela Eucaristia um atrativo especial, uma graça soberana. A ela devem volver todas as outras devoções, como a mãe e rainha de todas, nutrindo-as da Eucaristia, inspirando-lhes o espírito eucarístico.

É preciso que uma fidelidade exata corresponda a essa graça, porque, se formos infiéis à graça maior, sê-lo-emos a todas as outras. Demais, o reconhecimento se impõe. E, se a gratidão se mede à grandeza do benefício, que não devemos a Jesus por tão grande graça?

Impõe-se ainda um trabalho perseverante e uniforme, em que colaborem coração, espírito e vida sob a influência única da graça soberana.

Na árvore, a seiva está no próprio coração protegida pela madeira e pela casca. Ela é vida. Tudo a resguarda dos frios invernais.

Pois bem, vossa graça soberana é vossa seiva. Fecundará todos os ramos da vossa vida: conservai-a bem, defendei como o coração e a alma de vossa vida sobrenatural.

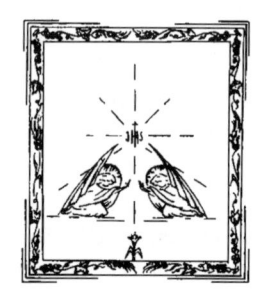

A Vida de Jesus em nós

"Christus vita vestra." "Jesus Cristo, vossa vida."
(Cl 3,4)

Precisamos viver da Eucaristia, que é amor e só amor. A nós, portanto, cabe aperfeiçoarmos o amor, renovar-lhe cada dia o foco que nos há de inflamar, fortificando-o em nós mesmos antes de cogitarmos em espalhá-lo em redor pelas obras exteriores. Toda a vida de quem recebe tantas vezes o Amor Encarnado não deve ser senão o desenvolvimento, o desabrochar desse Amor. Quem não se esforçar por aperfeiçoá-lo, primeiro, em seu coração, jamais fará progressos. Sede, em verdade, discípulos de Jesus Cristo e vivei de amor, cujo espírito o divino Paráclito depositou em vossos corações. Impõe-se, pois, amar muito, amar generosamente, amar soberanamente.

Se os dons divinos variam infinitamente, há, todavia, certos atrativos comuns às almas a quem Deus deseja levar à santidade pelo mesmo caminho, o que explica as sociedades religiosas de toda espécie, onde se reúnem, vindos de lados opostos, corações possuídos pelo mesmo ideal.

Quanto a vós, que vos quereis santificar pela Eucaristia, deveis viver da vida toda interior e oculta de Jesus no Santíssimo Sacramento. A Eucaristia é o fruto do seu Amor, e o amor jaz no coração. Para nos tornar sensível esta verdade, Jesus Cristo não se mostra a nós; não lhe percebemos o Corpo, nem lhe provamos o Sangue. Na Eucaristia nada há de sensível. Jesus quer que procuremos seu Amor no fundo de seu Coração.

Ele pratica, no Santíssimo Sacramento, as virtudes próprias de sua Vida mortal, mas de uma maneira invisível e toda interior. Mantém-se numa contínua oração, contempla incessantemente a glória do Pai e, suplicando-lhe por nós, ensina-nos que o segredo da vida interior está na oração; que é preciso cuidar da raiz da árvore se quisermos colher frutos bons; que a vida exterior, tão valiosa aos olhos do mundo, não passará duma flor estéril, se não alimentarmos a caridade que produz os frutos. Se quiserdes, pois, lograr êxito nas vossas boas obras, sede contempladores de Jesus. Os Apóstolos, lamentando o pouco tempo de que dispunham para orar, ordenaram os diáconos, para aliviá-los no ministério exterior. Jesus Cristo, em vida, foge do povo, retira-se, oculta-se para orar e contemplar. E nós havemos de levar uma vida puramente exterior? Possuímos, por caso, um fundo mais rico de graças, forças mais sólidas para o bem do que os Apóstolos? E não nos dá Nosso Senhor o exemplo? Na verdade, toda piedade que não se alimenta da oração, que não se recolhe no seu centro, isto é, em Jesus Cristo, para reparar suas perdas e renovar sua vida, fenece e acaba morrendo.

Em vão se esforçarão os oradores sacros na arte de pregar: se sua palavra não se alimentar da oração, permanecerá estéril. É dessa falta de vida de oração, que nasceu o provérbio, repetido por aqueles que vão ouvir um sermão: "Vamos colher flores ". Ah! não são flores que deveis colher nas pregações, e sim bons desejos e frutos de virtudes. Esses, porém, só amadurecem, só são colhidos na oração. A vós, por conseguinte, cabe orar muito pelos ministros da Palavra de Deus, mas pedindo uma única coisa: que sejam homens de oração. A alma que ora, unida a Jesus Cristo orando no fundo de seu Tabernáculo, salva o mundo.

Todas as virtudes procedem de Deus. É da Eucaristia, sobretudo, que Jesus, pelos exemplos que nos dá, se compraz em derramá-las em nossa alma, quais torrentes de graças. A nós, porém, cabe ver esses exemplos e ser-lhes atentos, estudá-los e deles nos penetrar. Onde extrair um amor maior à humildade do que aos pés da Hóstia Santa? Onde encontrar exemplos mais belos de silêncio, de paciência, de doçura?

No Santíssimo Sacramento, Nosso Senhor não pratica, de modo aparente, as grandes virtudes de sua Vida mortal, nem sua Sabedoria proclama mais sentenças divinas. Do seu Poder, de sua Glória, nada transparece. Em ser pobre, pequeno, simples está toda a sua vida eucarística. A pobreza, a mansidão, a paciência, eis o que nos mostra. E quanta delicadeza há nisto! Raramente se nos apresentam ocasiões de praticar virtudes heróicas, e quando se apresentam, falta-nos coragem para corresponder. Havemos então de desesperar e, sob o pretexto de nada podermos fazer por Deus, abandonar a vida de piedade? Ah! na sua vida Eucarística, pôs Jesus o lenitivo contra essa tentação. Aí nos ensina Ele que a santidade é exercida sobretudo nas pequenas ocasiões.

O aniquilamento em que está, essa ausência de vida exterior, nos ensinam que nada há de mais perfeito do que a vida interior, toda feita de atos brotados do coração, de impulsos amorosos, de união às intenções de Jesus. Ah! Deus ama com amor de predileção os humildes e os pequenos que vivem aos seus pés, sob a influência celeste do seu Coração. Demais, a vida de oração não exclui o zelo pela salvação das almas. A alma interior sabe se conservar recolhida enquanto trabalha, e não deixa, por isso, de obrar exteriormente, imitando a Jesus que, embora oculto, se faz sentir. O pecador que ora, sente a doçura do seu Coração. Estabelece-se entre Jesus e a alma um fluido imperceptível, um diálogo inaudível. E, embora ninguém possa distinguir esse trabalho divino nas profundezas da alma, todavia existe! Ah! que nosso amor e nosso zelo sejam semelhantes aos de Jesus: ocultos e interiores.

Nunca julgueis como perdidos para o bem os momentos passados aos pés do Altar. É quando o grão está enterrado que se declara a fecundidade. O colóquio eucarístico, eis a semente das virtudes. Não faltarão almas em nossos dias, que se dediquem às obras de zelo exterior. Serão louvadas — talvez demasiadamente. Pedi a Deus que elas se nutram da oração.

Coragem! Que vossas virtudes sejam amáveis, atraentes para o próximo. Revesti-as, pois, da doçura de Jesus Cristo. Nada é amável como a simplicidade, despida de pretensão. A virtude que se oculta, que trabalha em silêncio, será por todos abençoada. A paciência, que brota do coração sem violência, e a caridade simples e natural, são frutos da vida oculta que se alimenta de Jesus Cristo e da contemplação dos exemplos de sua Vida Eucarística.

O dom da personalidade

"Qui manducat me, et ipse vivet propter me."

"Quem me comer, por mim viverá." (Jo 6,58 - Vulg.)

I

Jesus, pela santa Comunhão, vem se empossar de nós, tornar-nos coisa sua. Para correspondermos plenamente aos seus desígnios devemos abdicar, em suas mãos, de todo direito sobre nós mesmos, de toda propriedade pessoal deixando-lhe tomar a direção e a iniciativa de todos os nossos atos, sem nada fazermos por nós nem para nós, mas tudo por Ele e para Ele.

Dar-se-á então em nós uma nova encarnação do Verbo que continuará a fazer pela glória do Pai o mesmo que fez na Natureza Humana de Jesus. Ora, no Mistério da Encarnação, a Humanidade de Jesus Cristo ficou privada desse último elemento que torna uma natureza senhora de si e incomunicável a qualquer outro ser. Não recebeu ela substância ou personalidade conatural, mas a Pessoa do Verbo substituiu a personalidade que a Natureza Humana de Jesus Cristo deveria naturalmente ter recebido. Ora, como num ser perfeito, é a pessoa que opera pela natureza e pelas faculdades, como é o que há de mais nobre, como é o que nos torna entes perfeitos e completos, é também a ela que se dirigem todos os atos naturais; é o princípio primeiro que a tudo o mais imprime valor. Eu mando nas faculdade de minha alma; meus membros me obedecem, sou *eu,* homem completo, que opero e faço operar. Sou, portanto, responsável por todos os movimentos, bem como por todas as ações deste meu ser. Minhas potências servem-me cegamente; o princípio que as leva a operar é o único responsável pelo que fazem, porque é por ele e só por ele, e não por elas mesmas, que trabalham.

Dito isto, segue-se que, em Nosso Senhor, que tinha duas naturezas, mas uma só Pessoa, a do Verbo, essas duas naturezas operavam pelo Verbo. Por conseguinte, a menor ação humana sua era ao mesmo tempo uma ação divina, uma ação do Verbo, que unicamente a podia inspirar, enquanto lhe imprimia todo o seu valor, valor infinito que recebia enquanto se finalizava numa Pessoa Divina. Daí se segue também que a Natureza Humana não era mais o princípio primeiro de coisa alguma, não tinha nenhum interesse próprio, não operava mais por si, mas era apenas serva do Verbo, motor único de todos os seus atos. O Verbo queria divinamente e queria humanamente, e operava por cada uma das suas naturezas.

Assim também conosco. Ou, pelo menos, devemos esforçar-nos, na medida do possível, para aproximar-nos desse ideal divino onde o homem não passa dum instrumento passivo, conduzido e guiado pelo motor divino que é o Espírito de Jesus Cristo, visando ao único fim que, um Deus, operante, se pode propor, isto é, Ele mesmo, sua própria Glória. Devemos, pois, estar mortos a quaisquer desejos ou intenções próprios, procurando apenas os de Jesus em nós, que aí permanece somente para continuar a viver pela Glória do seu Pai e que se dá a nós na sagrada Comunhão, para alimentar e estreitar cada vez mais tão inefável união.

Quando, no Evangelho, o Verbo diz: *"Sicut misit me vivens Pater, et ego vivo propter Patrem, et qui manducat me, et ipse vivet propter me"*, equivale a dizer: "Enviando-me ao mundo pela Encarnação, para tornar-me a Personalidade Divina duma natureza que outra não teria, o Pai cortou-lhe pela raiz toda procura de si mesmo, para que não vivesse senão para Ele". Assim é que, pela Comunhão, uno-me a vós a fim de viver em vós e de que não vivais senão para mim. Viverei em vós, encher-vos-ei a alma com desejos meus, consumirei e aniquilarei em vós todo interesse próprio, desejarei, quererei em vós, tomarei vosso lugar e vossas faculdades serão minhas faculdades. Sou eu que viverei e operarei pelo vosso coração, pela vossa inteligência, pelos vossos sentidos; tornar-me-ei vossa Personalidade Divina; por ela vossa ações participarão duma dignidade sobre-humana, terão um mérito divino, serão atos dignos de Deus. Sereis, pela Graça, o que eu sou pela Natureza: filhos de Deus, herdeiros em justiça do seu reino, de suas riquezas, de sua glória."

Quando Nosso Senhor vive em nós pelo Seu Espírito, tornamo-nos seus membros, somos *Ele*. O Pai Eterno agrada-se das nossas obras, pois, vendo-as, vê as mesmas obras do seu divino Filho e nelas se compraz. O Pai, inseparavelmente unido ao Verbo, vive e reina também em nós, vida e reino divinos, que paralisam e destroem o reinado de Satanás. E então as criaturas tributam a Deus o fruto de honra e de glória a que têm direito.

O primeiro motivo, portanto, que leva Nosso Senhor a desejar conservar-nos unidos sobrenaturalmente a Ele, pela vida de caridade perfeita, é a Glória do Pai nos seus membros, e eis porque São Paulo chama-nos tantas vezes *"Membra Christi"*, membros, corpo de Jesus Cristo; eis também porque Nosso Senhor repete freqüentemente na Ceia estas palavras: "Permanecei em mim". É o dom de si. Não permanecemos mais em nós mesmos, mas trabalhamos para Aquele junto ao qual vivemos, pondo-nos ao seu inteiro dispor.

II

Nosso Senhor, pelo Amor que nos tem, deseja igualmente essa união, a fim de, um dia, poder nos comunicar sua Glória celeste, com todo o séquito que a acompanha: poder, beleza, felicidade cabal. E como só no-la poderá comunicar se formos membros seus, e que esses são santos, deseja santificar-nos para unir-nos a Ele e fazer-nos participar de sua Vida gloriosa.

Nossas obras, já aqui na terra, tornando-se obras suas, terão valor maior ou menor, à medida que estiverem unidas às suas. Ora, essa união se harmoniza aos costumes, às virtudes e ao Espírito de Jesus em nós. Daí, estas belas palavras: *"Christianus alter Christus; vivit vero in me Christus; non ego solus, sed gratia Dei mecum"*. "O cristão é um outro Cristo. Jesus vive em mim, eu não opero sozinho, mas pela sua graça em mim."

Essa união é o fruto do Amor de Jesus Cristo, o fim de toda a economia divina na ordem natural e sobrenatural. Tudo o que a Providência estabeleceu tende a provocar e consumar a união do cristão com Jesus Cristo, alimentando-a e aperfeiçoando-a, pois, toda a glória de Deus em suas criaturas, toda a santificação das almas, numa palavra, todo o fruto da Redenção nela está contido.

III

A união de Jesus Cristo conosco se dará à razão da nossa com Ele. "Permanecei em mim e Eu em vós. Se alguém estiver comigo, também Eu estarei com ele." É certo, portanto, que Jesus ficará comigo se eu quiser ficar com Ele. Qual o ar que se precipita no vácuo e a água no baixio, assim o Espírito de Jesus enche logo o vazio feito pela alma em si mesma.

Nessa união do homem com Nosso Senhor está toda a sua dignidade. Não fica sendo ele parte da Divindade, nem merece de modo algum adoração, mas torna-se algo de sagrado, de santo. A natureza nada é em Presença de Deus, sujeita que está a recair no abismo. Deus, porém, eleva-a até unir-se-lhe pela sua Graça, pela sua Presença, e, em virtude dessa união, o homem entrará a fazer parte da família de Nosso Senhor, e o parentesco será tanto mais íntimo, quanto mais íntima for a união, maior a pureza, mais elevada a santidade. O parentesco que nos liga a Nosso Senhor está na participação à sua Santidade, como Ele mesmo nos disse: "Aquele que guardar a minha palavra, é meu irmão, minha irmã e minha mãe". E nesta união está todo o poder do homem. *"Sicut palmes non potest ferre fructum a semetipso nisi manserit in vite, sic nec vos nisi in me manseritis."* "Sem mim nada podeis fazer." *"Nihil"*, nada. Está bem claro. Ora, assim como o ramo só será fecundo se estiver unido ao tronco e lhe receber a seiva, assim também a fecundidade espiritual da alma só existirá se esta estiver unida a Jesus Cristo e se os pensamentos, as palavras e as obras estiverem unidos aos pensamentos, palavras e obras de Jesus. É o sangue do coração que dá vida aos membros, e o sangue é produzido pelo alimento. E nosso alimento é Jesus, o Pão de Vida. Portanto, só quem o come terá Vida em si. O princípio todo de nosso poder de santidade está, pois, na união com Nosso Senhor. É da ausência da união que provém o nada, o vácuo e a inutilidade das obras. O ramo dessecado, que já não participa da vida da árvore, não produzirá frutos.

Dessa união nasce também o mérito das boas obras, mérito de sociedade. Nosso Senhor adota nossa obra, fá-la sua, imprimindo-lhe um Mérito de infinito valor e tornando-a digna de uma eterna recompensa. E nossa obra, despida, por assim dizer, de valor enquanto feita por nós, se revestirá dos Méritos de Jesus, se tornará digna de Deus. E quanto maior for nossa união com Jesus, tanto maior será a glória que reverterá às nossas boas obras.

Como é então que nos descuidamos de tão divina união?! Quantos méritos perdidos, quantas ações estéreis, porque foram feitas sem união com Jesus Cristo; quantas Graças sem fruto! Ter ganho tão pouco, quando dispúnhamos de tantos meios, quando o negócio era tão fácil!

Unamo-nos, pois, a Nosso Senhor Jesus Cristo, dóceis à sua direção, submissos à sua Vontade, e deixemo-nos guiar pelo seu pensamento, operar pela sua inspiração, oferecendo-lhe todas as nossas ações, à semelhança de Jesus Cristo, sujeito inteiramente ao Pai. Isto requer, todavia, que a união seja uma união de vida, recebida, renovada, entretida pela comunicação contínua com Jesus. É mister que, qual ramo da árvore, sejamos dilatados e aquecidos ao calor do sol, para que a seiva divina nos penetre todo. Ora, o sol reparador, que atrai a seiva divinal, dispõe-nos a recebê-la e entretém-na, é o recolhimento, é o desejo, é a oração. É o dom de si de todos os instantes. É o amor suspirando incessantemente por Jesus, indo a todo o momento, a seu encontro. *"Veni, Domine Jesu."* E a seiva não é senão o Sangue de Jesus Cristo, que nos transmite vida, força e fecundidade divinas. A vida de comunhão pode, portanto, se reduzir a dois termos: Comungar sacramentalmente e viver de recolhimento.

A vida de união ao Espírito Santo

"Si Spiritu vivimus, Spiritu et ambulemus."

"Se o Espírito Santo é o princípio da nossa vida, que o seja também de toda a nossa conduta." (Gl 5,25)

O Espírito Santo, o Espírito de Jesus, esse Espírito divino, que Ele veio trazer ao mundo, é o princípio de nossa santidade. A vida interior consiste na união com Ele, na obediência aos seus impulsos. Estudemos, pois, suas operações em nós.

Em primeiro lugar, é o Espírito Santo que nos comunica a cada qual os frutos da Encarnação e da Redenção. O Pai, dando-nos o seu Filho, o Verbo entregando-se-nos e redimindo-nos na Cruz, tais são os efeitos gerais do seu Amor. E quem nos faz participar desses efeitos divinos? É o Espírito Santo, que forma em nós a Jesus Cristo e o completa. Sua missão começou, por assim dizer, depois da Ascensão de Nosso Senhor, continuando até nós. E o Salvador, ao dizer-nos: "Convém-vos que eu me vá, porque, de outro modo, o Espírito Santo não virá a vós", patenteia-nos essa verdade. Se Jesus adquiriu-nos as graças; se acumulou um tesouro; se entregou à sua Igreja o gérmen da santidade, agora cabe ao Espírito Santo cultivar esse gérmen e levá-lo a termo. A Ele cabe acabar e aperfeiçoar a obra do Salvador. "Enviar-vos-ei meu Espírito, que tudo vos há de ensinar, explicando-vos e dando-vos a compreender todas as minhas palavras. Se Ele não vier, permanecereis fracos e ignorantes." Se no princípio o Espírito pairava sobre as águas a fim de fecundá-las, hoje Ele paira sobre as Graças que nos legou Jesus Cristo. Fecunda-as ao no-las aplicar, porquanto em nós habita, em nós trabalha. A alma justa é a morada, o templo do Espírito, que não fica ali, somente, pela sua Graça, mas também por Si mesmo. Sua Pessoa adorável vive em nós e, quanto menos obstáculos encontrar na alma, maior lugar lhe caberá e mais forte se tornará.

Ele não poderá, porém, operar nem habitar onde houver pecado, pois o pecado gera a morte e paralisa os membros. Não poderemos cooperar com sua ação, e essa cooperação, se impõe. Tampouco poderá operar, se a vontade for indolente, ou os afetos desregrados. Neste caso, embora continue a habitar em nós, o fará de modo passivo. O Espírito Santo é uma chama que, subindo sempre, consigo nos quer elevar. Se a quisermos deter, extinguir-se-á, ou antes, Ele acabará por se afastar da alma que, paralisada, apegada à terra, não tardará em cair no pecado mortal. E como, no dizer de São Bernardo, o Espírito Santo, para habitar em nós, exige a pureza, não tolerará, na alma que possui, a mais ligeira palha sem a consumir pelo fogo. *"Qui nec minimam paleam intra cordis, quod possidet, habitaculam residere patitur, sed statim igne subtilissimae circumspectionis exurit."*

A missão do Espírito Santo, como já dissemos, é formar a Jesus em nós. Se sua missão geral, na Igreja, consiste em dirigir e em guardar-lhe a infalibilidade, todavia sua missão especial junto às almas é formar a Jesus Cristo. Para recrear-nos e transformar-nos a alma, empregará o Espírito divino três operações que exigem, da nossa parte, um concurso assíduo e absoluto.

II

Inspira-nos, em primeiro lugar, pensamentos e sentimentos conformes aos de Jesus Cristo. Estando em nós Pessoalmente, dirigindo-nos os sentimentos, remexendo-nos a alma, traz-nos à lembrança a idéia de Nosso Senhor. Não podemos — é de fé — ter, sequer, um pensamento sobrenatural, que não nos venha do Espírito Santo. Podemos, sem Ele, ter pensamentos bons, simples, razoáveis e honestos. Mas, que vale isso? A idéia que nos inspirará será, ao princípio, fraca e acanhada, crescendo e se expandindo na ação e no sacrifício. Que fazer, então, quando esta se nos apresenta? Consentir, sem hesitar. Digo mais: devemos ficar atentos à Graça e recolhidos interiormente, para perceber a menor inspiração.

É preciso ouvir o Espírito Santo e recolher-se durante suas operações. Mas, objetamos, se todos os pensamentos sobrenaturais nos vêm dele, então somos infalíveis? Respondo: Por natureza, somos mentirosos, isto é, sujeitos a errar. Mas quando fruímos da Graça e seguimos a Luz do Espírito Santo, então, sim, estamos na Verdade, e na Verdade Divina. Eis por que a alma recolhida em Deus anda sem errar, eis por que o sábio sobrenatural não dá passos em falso. Isto não lhe pode ser atribuído pessoalmente, nem dele procede, porquanto ele não se guia pelas suas próprias luzes, mas, sim, pelas do Espírito de Deus, que nele habita, iluminando-o. À alma material e grosseira, toda entregue às coisas terrenas, não será dado compreender estas palavras; mas aquela que souber ser atenta à voz do Espírito Santo, facilmente as entenderá. Como distinguir a boa comida da ruim? Provando-as. O mesmo se dá na Graça, e a alma que quiser julgar imparcialmente, deverá sentir em si mesma seus efeitos que não enganam. Que ande na Graça, e então, assim como percebe a luz, porque essa a envolve, assim também sentirá toda a força dessa mesma Graça. Tudo isto é, todavia, indemonstrável a quem por isso não passou.

Se não compreendemos — e isto talvez seja uma humilhação — é porque não sentimos as operações do Espírito Santo, que está sempre a dirigir a alma interior e pura, revelando-lhe o caminho a seguir por uma inspiração interior e imediata.

Insisto sobre este ponto. O Espírito Santo guia Pessoalmente a alma interior e pura, cujo Mestre e Diretor é. Ela deverá, é claro, obedecer às leis da Igreja e submeter-se à vontade do seu confessor no tocante às práticas de piedade e aos exercícios espirituais. Mas, na sua vida interior e íntima, será guiada pelo Espírito Santo, que lhe dirigirá afetos e pensamentos. Aqui ninguém poderá, mesmo se quisesse, travá-la. E quem ousaria intrometer-se nos colóquios entre o Espírito divino e a alma dileta?

Quem admira a árvore frondosa, não procura descobrir se as raízes estão boas. Sua beleza, seu vigor lho provam. Assim, também, as raízes da alma que progride no bem, embora ocultas, estão vivas — e quanto mais ocultas, mais vivas estão.

Mas, ai de nós! Quantas vezes não pede o Espírito Santo o nosso consentimento às suas inspirações e lho recusamos! Não somos senão máquinas exteriores e passaremos pela confusão dos Judeus, a respeito de Nosso Senhor: O Espírito Santo está entre nós e não o conhecemos.

III

Ele ora em nós e por nós. Na oração — canal das Graças — está toda a santidade, pelo menos em princípio. E o Espírito Santo vive na alma que ora: *"Ipse postulat pro nobis gemitibus inenarrabilibus"*. Eleva-nos a alma à união com Nosso Senhor. É no altar do nosso coração que oferece a Deus Pai os sacrifícios dos nossos pensamentos e dos nossos louvores, enquanto sacerdote, e lhe faz ver nossas necessidades, fraquezas e misérias. E tal oração, que é a de Jesus em nós, unida à nossa, torna esta todo-poderosa.

Sois o verdadeiro templo do Espírito Santo, e um templo é uma casa de oração. Orai, portanto, incessantemente. Dar-se-vos-ão métodos de oração, mas só o Espírito Santo vos comunicará a unção e a alegria que dela resultam. Os diretores são meros camaristas, postados à porta do coração, onde habita tão-somente o Espírito Santo. A Ele cabe cercá-lo por todos os lados para garantir-lhe a felicidade. Rezai, por conseguinte, com Ele, e Ele vos ensinará toda Verdade.

IV

Sua terceira operação consiste em nos formar às virtudes de Jesus Cristo. Começará por nos abrir a inteligência até no-las fazer compreender — o que é uma graça insigne. Essas virtudes têm face dupla. Uma afasta e escandaliza: é o lado cruciante, e o mundo, encarando-as de modo natural, tem razão, se não as ama. A prática das virtudes, por mais amáveis em aparência — a doçura e a humildade, por exemplo — muito custam à natureza. Não se alterar ante o insulto não é coisa fácil, e compreendo muito bem que as virtudes do cristianismo inspirem aversão ao mundo sem fé. A outra face, porém, é-nos indicada pelo Espírito Santo. Sua graça, sua suavidade, sua unção, rompendo a casca amarga da virtude, dá-nos a provar a doçura do mel e a mais pura glória. Surpreende-nos então ser a cruz tão suave. É porque, em vez de lhes ver a humilhação, vemos nos sacrifícios tão-somente o amor de Deus e sua glória, bem como a nossa própria.

Em conseqüência do pecado, as virtudes se nos tornam penosas. Repugnam-nos. São todas humilhantes e cruciantes. Então o Espírito Santo mostra que Jesus Cristo primeiro as praticou, comunicando-lhes nobreza e glória. "Não vos quereis humilhar? Está bem. Mas deveis procurar assemelhar-vos a Jesus, e isto não é descer, é subir, é enobrecer-se." Vistos sob este prisma, a pobreza e os trapos tornam-se uma vestimenta real; as humilhações uma glória e os sofrimentos uma felicidade, porque Jesus, revestindo-se primeiro deles, deu-nos o exemplo e neles colocou a verdadeira glória, a verdadeira felicidade.

Só o Espírito Santo nos dará essa inteligência das virtudes e nos fará descobrir o ouro puríssimo contido na mina rochosa, cheia de lodo. É a falta justamente dessa luz, que obsta a tantos homens o caminho da perfeição. Vêem somente a aparência débil das virtudes de Jesus, sem lhes penetrar as grandezas secretas.

A esse conhecimento íntimo e sobrenatural das virtudes, o Espírito Santo acrescenta uma aptidão especial para exercê-las. Torna-nos hábeis e capazes, ao ponto de julgarmos ter nascido unicamente para praticá-las. Recebendo dele um instinto divino, elas se tornam como que naturais. A cada alma será dada uma aptidão conforme a sua vocação. Quanto a nós, adoradores, o Espírito divino leva-nos a adorar em espírito e em verdade. Ora em nós enquanto nós oramos nele. Ele é, antes de tudo, o Mestre da adoração. Foi Ele quem deu aos Apóstolos a força e a graça de orar. É chamado Espírito de prece e de oração. *"Spiritum orationis et precum."* Unamo-nos, pois, a Ele. No Pentecostes começou a pairar sobre a Igreja, hoje habita em cada um de nós, a fim de nos ensinar a orar, moldar-nos em Jesus Cristo, tornar-nos em tudo semelhantes a Ele para que, um dia, possamos unir-nos a Ele na glória eterna.

A vida do verdadeiro servo

"Servus tuus sum ego: da mihi intellectum, ut discam justificationes tuas."

"Sou vosso servo. Abri-me a inteligência aos vossos preceitos divinos."
(Sl 118,125)

I

Nosso Senhor amou-me e entregou-se por mim. É de direito, portanto, que eu lhe pertença. Devo ser dele, como Ele é do Pai. O Verbo se fez Carne, viveu entre nós e se dá a nós pela Comunhão, para ser nosso modelo, comunicar-nos suas virtudes e fazer-nos viver da sua mesma Vida.

Ora, o Pai Celeste chamou Jesus de servo: *"Justificabit ipse servus meus multos"*. "Meu servo será a fonte de justificação para muitos." E nos Salmos, Davi, falando na Pessoa de Nosso Senhor, diz: "Sou vosso servo e o filho de vossa escrava". *"Servus tuus sum ego."*

Que compete ao servo fiel? Três coisas:

1.º - Estar sempre perto e à disposição do amo;

2.º - Obedecer pronta e afetuosamente a todas as suas vontades;

3.º - Trabalhar somente pela sua glória.

E não deu Nosso Senhor, em sua vida, realce máximo a estas três qualidades do servo fiel?

II

Estava sempre junto ao Pai, com o Pai. Seu espírito, contemplando-o continuamente, adorava sua Verdade; mirava-lhe a Beleza, enquanto sua Alma, gozando da Visão Beatífica, não podia se afastar da Vista de Deus.

Nosso Senhor, nos Evangelhos, dirige-se ao Pai como se estivesse sempre a vê-lo, e duas palavras suas revelam-nos este mistério. Primeiro: *"Filius hominis non potest a seipso facere quidquam nisi prius viderit Patrem facientem."* "O Filho do homem nada poderá fazer se não o tiver visto fazer o Pai." Fitava, pois, sempre os olhos no Pai para com Ele pensar, falar e operar. Segundo: *"Pater in me manes, ipse facit opera."* "O Pai, permanecendo em mim, opera Ele mesmo, as obras que eu faço." Havia, pois, uma sociedade habitual, de cada momento, entre o Pai celeste e Nosso Senhor.

Noutra passagem vemos que Jesus foi conduzido pelo Espírito ao deserto — prova de que estava atento ao Espírito Santo e obediente aos seus impulsos. Pois bem, nosso lugar é ao lado de Nosso Senhor. A exemplo seu devemos ter os olhos fitos nele, à espera de suas ordens divinas, para obedecer ao primeiro sinal. *"Sicut oculi servorum in manibus dominorum suorum, ita oculi nostri ad Dominum Deum nostrum."*

Assim fizeram todos os Santos da Lei antiga, e todos os da Lei nova. Noé andou com Deus, *"ambulavit cum Deo"*. É, pois, possível, digo mais, necessário: "Anda em minha Presença e serás perfeito, disse Deus a Abraão. *"Ambula coram me, et esto perfectus."*

Mas haverá quem alegue: "Isto não custava à Alma de Nosso Senhor nem à de Maria, como também não custa aos Anjos estarem sempre na Presença de Deus. Mas para nós é uma luta, e luta penosa". Respondo: É verdade que para Jesus, para sua Mãe e seus Anjos, a vista de Deus é uma delícia sem par e que nada está a tentá-los para dela se afastar. Não temos, porém, nós também a Graça de Deus? Demais, é pelo coração que se permanece junto a Nosso Senhor, e para o coração amante não é sofrimento estar com o objeto amado, antes lhe constitui suprema ventura. É preciso, portanto, apesar das dificuldades, chegar a permanecer habitualmente, e por todas as nossas faculdades, junto a Nosso Senhor.

III

Ele não fazia senão reproduzir as ações indicadas pelo Pai como devendo ser feitas. Cumpria, pois, em tudo com sua Vontade. Era um simples eco da idéia paterna, a reprodução sensível e humana do pensamento, da palavra e da ação divina do Pai.

Quanto a mim, cabe-me reproduzir a Nosso Senhor, obedecer-lhe, fazer o que for do seu agrado no momento presente, exercitando-me nessa ou naquela virtude. Devo estar sempre disposto a lhe obedecer, quer interiormente, na alma, de acordo com o que me pedir; quer exteriormente, nos atos; a inspirar-me no seu pensamento e no seu desejo, prestando-me a tudo com amor e fidelidade.

Lembremo-nos, porém, que Nosso Senhor quer, sobretudo, trabalhar em nós mesmos, em nossa alma, muito mais que nas obras exteriores. É em nós e sobre nós: *"Pater in me manens, ipse facit opera"*.

IV

Jesus Cristo só procura em tudo a Glória do Pai, recusando todo louvor e toda honra que lhe querem prestar enquanto homem. *"Quid me dicis bonum?"* "Por que me chamais bom?" *"Gloriam meam non quaero."* "Não quero minha própria glória."

O servo fiel também só deve procurar o bem e os interesses do amo, e não os seus próprios. Nisto está sua delicadeza. Não devo, pois, procurar senão os interesses de Nosso Senhor, meu Mestre, e todo o meu trabalho deve consistir em fazer frutificar sua graça e seus dons, para maior glória sua.

V

Mas essa vida toda interior, toda íntima, que nada faz, nada diz a não ser por impulso divino, pode parecer inútil. Quem, porém, deixará de admirar a Nosso Senhor em Nazaré, na sua vida tão simples, oculta aos homens, inútil aos olhos do mundo? E tal vida merece as preferências do Pai, que se agrada em ver seu divino Filho e nosso Salvador glorificá-lo a Ele e santificar-nos a nós, embora oculto, sem outra testemunha senão o Pai, entregando-se, segundo seu modesto estado, às coisas triviais! E essa vida Ele nos quer ver levar.

E por quê? Porque a vida oculta pertence toda a Deus, pelo sacrifício que fazemos de nós mesmos, e glorifica-o mais do que qualquer dedicação de nossa parte. É o reinado de Deus em nós. É a morte e o túmulo do amor-próprio.

É, por conseguinte, uma Graça insigne atrair-nos Nosso Senhor interiormente, pedindo-nos que permaneçamos com Ele e dele tão-somente nos ocupemos. Convida-nos, então, a trabalhar a sós com Ele, faz-nos seus confidentes; dá-nos diretamente suas ordens. Quer que lhe repitamos as palavras, façamos unicamente as ações que nos inspirar interiormente e executemos somente os planos que nos traçar. Quer que sejamos um outro *Ele,* o corpo de sua alma, a livre expressão dos seus desejos, a execução humana dos seus pensamentos, execução esta que se diviniza e à qual imprime um valor quase infinito pela união aos seus Méritos.

VI

Para alcançar tão elevado ideal, é preciso, primeiro, trabalhar no meu interior, na minha própria pessoa. *"Pater in me manens."* Preciso, portanto, permanecer em mim mesmo. Mas para fazê-lo com proveito, devo unir-me a Nosso Senhor em mim. Ora, Ele estará em mim à medida que eu estiver nele. A reciprocidade se impõe. Essa morada em Nosso Senhor se firma no dom na homenagem de si, realizado nos atos da virtude que reclama o momento presente, fortificado, e sustentado pelo amor ativo que procura menos gozar do que se dispender e se imolar à Vontade de Nosso Senhor. Quem sabe se já não há muito tempo Ele nos chama a essa vida oculta nele, enquanto estamos sempre a fugir imaginando, grosseiramente, que só importa o movimento, o trabalho exterior, a dedicação? A verdade é que não gostamos de permanecer onde habitam a miséria, a enfermidade e as dores. Afastamo-nos, quer levados pelo tédio, quer atraídos pelo amor terreno. Pode ser, também, que o gás da vaidade esteja a escapar.

Ó meu Deus, vivei, reinai e comandai em mim. *"In me vive, regna et impera."* Estarei atento à voz interior: *"Audiam in me quid loquatur Dominus Deus"*. Meu coração permanecerá fielmente ao vosso lado.

O recolhimento, via das obras divinas

"Ecce enin regnum Dei intra vos est."   "O reino de Deus está entre vós." (Lc 17,21)

I

Deus, ao criar o homem, reservou-se para si o domínio da alma; reservou-se a homenagem de toda a sua vida, cujo fim e glória quis ser Ele só. Aperfeiçoaria nele, por meio de novas graças, a imagem e a semelhança divina, numa íntima cooperação.

Mas o pecado veio tudo inverter e o homem pecador não quis mais permanecer em si mesmo com Deus. Tornou-se todo exterior, escravo dos objetos terrenos. Então, Deus, para torná-lo novamente interior, manifestou-se-lhe abertamente na sua Encarnação. E, depois de se ter mostrado Bom e Poderoso, de se ter feito amar, de ter permitido que o tocassem com as mãos, Jesus Cristo vela-se e oculta-se no interior da alma pela Eucaristia e pela Graça Santificante. É no nosso íntimo que Ele deseja firmar seu reinado, forçando-nos a permanecer com Ele em nós, a imitar a Santíssima Virgem, na Encarnação, que vivia toda atenta ao Fruto divino que trazia em si.

Se formos fiéis a essa graça, Jesus nos consolará, nos dará sua paz e nos fará provar a doçura do *quão bom é habitar convosco!*

Conhecendo o desejo que tem Nosso Senhor de nos fazer entrar em nosso interior, melhor havemos de compreender as palavras da Sagrada Escritura: "Pecadores, volvei ao vosso coração". *"Redite ad cor":* "Meu filho, dá-me teu coração". "Amarás ao Senhor teu Deus de todo o coração". *"Fili, praebe cor tuum mihi."* "Amarás ao Senhor teu Deus de todo o teu coração". *"Diliges Dominum Deum tuum ex toto corde tuo."* O coração é a vida. Onde estiver nosso tesouro, ai estará nosso coração.

II

Deus, ao querer santificar a alma, separa-a do mundo, quer pelas provações, ou perseguições, quer pela graça, inspirando-lhe horror pelo século e amor pela solidão, pelo silêncio, pela oração. A alma, então, é levada a isolar-se. E se ela, por si, não fizer o bastante, Deus envia-lhe a enfermidade, a doença, as penas interiores que a desprendem e purificam, como a tempestade purifica a atmosfera.

III

"Permanecei em mim, e Eu permanecerei em vós. Assim como o ramo só produzirá fruto se estiver unido ao tronco, assim também nada podereis fazer, se não permanecerdes unidos a mim." Nossa união com Nosso Senhor deve, portanto, ser tão íntima quanto a do ramo ao tronco e à raiz: deve ser uma união de vida.

Ora, essa seiva divina da verdadeira vinha é poderosa e fecunda, como nos disse Nosso Senhor: "Quem permanecer em mim, há de produzir frutos em abundância". Por conseguinte, se estivermos unidos a Jesus Cristo não somente pelo estado de Graça e pela fidelidade à Graça, mas ainda pela união às suas palavras, que são espírito e vida, seremos todo-poderosos para o bem. "Se permanecerdes em mim e se minhas palavras permanecerem em vós, podereis pedir tudo quanto quiserdes, e ser-vos-á concedido."

Finalmente, a união de amor prático, que pensa unicamente em agradar a Deus, enleva a Santíssima Trindade. "Se alguém me amar, guardará minha palavra, e meu Pai o amará e viremos a ele, e nele faremos nossa morada." Nada mais pediu para nós nosso Salvador na sua derradeira prece, senão essa união com Ele: "Transmiti-lhes, ó Pai, a luz que recebi de vós, para que sejam um, como nós somos um. Eu neles e Vós em mim, para que se consumam na unidade e que o mundo saiba que Vós me enviastes e que os amastes, como me amastes a mim mesmo".

São Paulo, a exemplo do Mestre, nos prega essa mesma união: "Sois o corpo de Jesus Cristo", os membros de que Ele é a cabeça, o Corpo Místico de que Ele é a alma. Vivendo em nós, faz-nos viver.

Comungamos o Corpo e o Sangue de Jesus, a fim de nos unir mais estreitamente à sua Alma, ao seu espírito, às suas operações interiores, às suas virtudes, aos seus méritos, numa palavra, à sua Vida Divina.

Nisto consiste a união de sociedade. Jesus então faz tudo em nós, porque sacrificamos nossa personalidade à sua, para que esta pense e opere por nós, e se torne nosso *eu*. A Eucaristia foi estabelecida, sobretudo, senão unicamente, para nos auxiliar a praticar e a entreter essa união admirável: é o Sacramento da união com Deus.

IV

Sem essa união íntima com Nosso Senhor, em vão tomarei as melhores resoluções, em vão procurarei conhecer-me e conhecer a Deus. Não operando unido a Jesus, não pensando nele, eu me deixarei cativar pelos atos exteriores, ou levar pelos atrativos do meu gosto pessoal.

A união atual, viva, contínua, se impõe. É preciso, por conseguinte, que os olhos da minha alma se fixem sempre em Jesus em mim. E como alcançar esse ponto? É muito simples — pela própria união! Por que dar tanta importância aos métodos? Por que tantas resoluções, tanta solicitude espiritual? Tudo isto só serve para distrair o espírito. É preciso colocar-se em Nosso Senhor sem examinar o *como*, entregar-se à Vontade Divina, à medida que se apresenta; não querer senão a essa Vontade; cumpri-la de acordo com seus desejos, e dedicar-se-lhe inteiramente, por amor a Jesus, para agradar-lhe, todo entregue a ela pela graça e pela virtude do momento presente. Aí esta todo o segredo do *manete in me,* permanecei em mim. Em casa de uma pessoa mais graduada do que nós, compete-nos honrá-la; na casa do soberano, obedecer; ao lado do amigo, procurar agradar. Junto a Nosso Senhor Jesus Cristo, devemos fazer estas três coisas.

V

Mas, como lembrar-nos da união? Nela pensando e querendo pensar, dirigindo bem a intenção, oferecendo e tornando a oferecer o que se está a fazer e examinando em seguida as falhas que, por acaso, se fizeram sentir.

É preciso, portanto, pensar em Deus, pois a prática da sua Presença habitual leva, mecanicamente, à união. É este o único meio de manter o espírito, atento a Ele, pronto a ouvir-lhe a voz interior; o coração na bondade do seu amor; a vontade à sua disposição e o corpo no respeito e na submissão.

Ora, se a presença de um homem sério, prudente e bom, produz naturalmente estes resultados, a Presença de Deus, respeitado e amado, que nos sustenta nesse estado pela doce unção de sua Graça, deverá fazer o mesmo.

Sem a Presença de Deus, a vaidade arrasta o espírito que, dissipado, voa qual mosca ou borboleta, cá e lá, enquanto o coração vai em busca das consolações piedosas, porém humanas, e a vontade se deixa levar pela preguiça e pelas antipatias naturais. Essa Presença, todavia, nos é sobremodo necessária na irritação que resulta do combate, quer das virtudes, quer das antipatias. Estar sempre no campo de batalha é impossível; precisamos repousar-nos em Deus.

Chegaremos ao hábito da Presença de Deus gradualmente, começando por baixo: oferecendo as ações, repetindo com freqüência certas frases fáceis, certas aspirações, certos impulsos amorosos. No entanto um pouco de mecanismo se impõe: que tais sinais, tais momentos determinados, tais lugares nos levem a recolher-nos, a fixar a Deus em nós. Depois das ações, devemos também prestar contas a Deus, como o filho à mãe. Será preciso, porém, se não quisermos que tudo se dissipe, qual fumaça, determinar uma sanção, exterior e corporal a infligir contra cada falta, observando-a estritamente.

Nessa união damos a Deus toda a nossa vida, toda a nossa entidade. Haverá maior graça a desejar ou virtude de maior proveito para nós, e de maior glória para Deus? É o *"egredere", o sai* de ti mesmo. É todo o nosso ser que se esvai em Nosso Senhor.

O recolhimento, lei da Santidade

"Viam justificationem
tuarum instrue me."

"Ensina-me, ó meu Deus,
o caminho da santidade."
(Sl 118,27)

No recolhimento está a lei da santidade. Deus, ao querer chamar a si a alma, leva-a a recolher-se em sua consciência, a fim de afastá-la do pecado. Ao querer introduzi-la numa virtude mais elevada, empregará ainda o recolhimento. Finalmente, ao querer unir-se-lhe na via do amor, recorrerá ao mesmo meio. De maneira que no recolhimento está a lei da santidade, tanto para os penitentes como para os que progridem na virtude e os que já estão adiantados no caminho da perfeição.

I

O homem degradado, aviltado, corrompido na sua natureza, pelo pecado original, envergonha-se de ficar sozinho. A idéia de Deus é-lhe difícil. Gosta de viver por entre as loucuras da sua imaginação, que o divertirá, iluminando-o. As mais das vezes, fica-lhe a vaidade e a curiosidade do espírito, enquanto o coração procura alguma simpatia no meio das criaturas, para com elas fruir a vida. Não tardará em se tornar escravo, quer duma idéia fixa, de um desejo que o agite, quer de uma paixão que o devore ou de um vício que o consuma. A sensualidade está ligada a tudo quanto faz. É para gozar hoje, ou para se preparar o gozo de amanhã, que trabalha, estuda e se esforça.

Tal o homem terreno, cuja vida, em grande parte, se passará sem um pensamento sequer para Deus, seu Criador, Salvador e soberano Juiz. Ah! quantos homens nunca souberam encontrar um momento para pensar nele! E que fará Deus, na sua Infinita Misericórdia, para recriar esse homem material e vicioso? Torná-lo-á um homem espiritual e interior, forçando-o a entrar em si mesmo, quer por uma enfermidade que o prostre e isole, quer pela desgraça que lhe descubra a vaidade das coisas do mundo, quer, ainda, pelo próximo infiel e injusto que lhe faça ver o nada que podem as criaturas para sua felicidade.

A ocasião em que o pecador sentir essas misérias, que o entristecem e abatem, será a ocasião escolhida por Deus para despertá-lo, como outrora a Adão pecador. Desperta-o na consciência, fazendo-lhe sentir o ferrão do remorso, mostrando-lhe a causa de sua desgraça, trazendo-lhe à mente a idéia de um Deus Bom, misericordioso a quem amou na juventude; de um Deus Salvador, pronto a receber, cheio de Bondade, o pecador arrependido. Só este pensamento já lhe faz bem à alma. Enternece-se, surpreende-se a chorar lágrimas suaves. Seu coração, até então tão duro, derrete-se, enquanto sua imaginação parece ouvir do alto o: *"Vem a mim, e eu te aliviarei, e te perdoarei, e tu recobrarás a paz"*.

Feliz do pecador que se rende a esta voz interior: encontrou, de uma vez, sua alma e seu Deus. Tal conversão é, portanto, fruto de uma Graça interior, isto é, do recolhimento do homem em sua própria consciência, na penitência do seu coração, na Bondade divina.

Essa coisa vaga, essa tristeza por entre seus transvios, já é a voz de Deus que fala ao pecador, como nos tempos idos a Israel: "Ai do homem que põe sua felicidade no mal, que descansa no pecado e se compraz no gozo de suas paixões saciadas!" Quão longe está de Deus e quão longe de si mesmo! A febre do vício dá-lhe vida artificial. É um louco que se crê e se diz douto, rico e feliz, quando não passa de um ignorante, indigente e desgraçado.

II

Deus, desejoso de conceder à alma uma Graça de escol, e reconduzi-la a uma virtude elevada, dá-lhe, primeiro, a Graça de um grande recolhimento. Esta verdade, embora incontestável, não é bastante conhecida nem apreciada, mesmo pelas pessoas piedosas que, muitas vezes erram julgando que o progresso da santidade está antes nos atos exteriores da vida cristã ou num maior gozo de Deus.

E, no entanto, a Graça de recolhimento, por nos aproximar de Deus, isto é, do foco divino, dá-nos uma luz mais viva e um mais intenso calor. Eis por que temos, num estado de recolhimento mais profundo, uma compreensão mais clara de certas Verdades. Penetramo-las na própria luz de Deus. Sentimos uma paz até então desconhecida, uma força de que nos admiramos. Estamos com Deus.

Mais atentos a Deus, ouvimos as palavras, repassadas de doçura, que Ele dirige, na voz baixa, secreta e misteriosa do amor, aqueles que, com João Evangelista, repousam sobre seu Coração: "Ouve, ó alma recolhida, e olha; inclina o ouvido à minha voz; esquece o teu povo e a casa do teu pai, e serás objeto do amor do rei". *"Audi, filia, et vide, inclina aurem tuam, et obliviscere domum tuam et domum patris tui, et concupiscet Rex decorem tuum."*

Daí se segue que todo o valor e preço de uma Graça está na sua unção interior, que nos recolhe em Deus; daí, também, se segue que uma Graça interior mais vale do que mil Graças exteriores e que nossas virtudes e nossa piedade só têm vida pelo recolhimento que as anima e as une a Deus.

Na vida natural, o homem mais robusto, mais ativo no trabalho, não será o mais hábil e poderoso, mas, sim, o pensador profundo, o homem refletido, paciente, que sabe examinar um negócio por todas as suas faces, pesando os prós e os contras, prevendo os obstáculos e fazendo todas as combinações possíveis. Tal homem é um mestre que só será vencido por um rival que possuir, em grau superior, idênticas qualidades.

No mundo espiritual, o cristão mais recolhido, mais desapegado dos sentidos, da matéria e do mundo, será o mais esclarecido nas coisas divinas. Seus olhos, mais puros, penetrarão as névoas da atmosfera natural, alcançando a luz de Deus. Será mais poderoso tanto na sua oração, feita em Deus, como nas suas palavras, que serão apenas a repetição, como as de Jesus Cristo, das palavras do Pai, e nas suas obras, aparentemente simples e inúteis, mas que converterão e salvarão o mundo. Moisés na Montanha, sozinho, recolhido, perante Deus, era superior, em poder, a todo o exército de Israel.

Por isso, a vida de oração, a vida contemplativa, é, em si, mais perfeita do que uma vida toda de dedicação e de labor. Os trinta anos que Jesus Cristo passou em Nazaré, bem como sua Vida aniquilada na Eucaristia, continuada através dos séculos, aí estão para no-lo provar. Se houvesse estado mais santo, que maior glória rendesse a Deus, Jesus Cristo indubitavelmente o teria escolhido.

III

A perfeição da vida cristã, neste mundo, está ainda numa união mais íntima entre a alma e Deus. É, na verdade, uma maravilha surpreendente ver como Deus aperfeiçoa a alma que se entrega a Ele pelo recolhimento, presando-se em embelezá-la.

Começará por isolá-la do mundo, a fim de única e inteiramente a possuir, qual o esposo cioso que quer gozar a sós da esposa. Torná-la-á inábil, incapaz, quase sem inteligência para as coisas deste mundo. Não entenderá mais nada do assunto. É que Deus a quer livrar do jugo do êxito!

Em seguida, altera-lhe o modo de orar. A oração vocal cansa-a, não encontrando mais nela a unção e o gosto divino de outrora. Reza vocalmente, por dever, não mais por atração. Os livros tornam-se-lhe tediosos; não lhe dão mais um alimento que lhe baste ao coração, ou não lhes compreende mais o sentido, porque não refletem mais seu modo de pensar, enquanto a oração interior, toda de silêncio, de tranqüilidade, de paz junto a Deus, na qual sua alma se nutre divinamente, a atrai forte e suavemente. Neste estado não se apercebe da sua própria ação, mas vê somente a de Deus. Não procura mais esse ou aquele meio, pois alcançou seu fim, descansa em Deus. Chega a perder-se totalmente de vista, pois está mais em Deus do que em si mesma, toda dominada pelo encanto e pela beleza de sua Verdade, pela Bondade do seu Amor.

Feliz do momento em que Deus nos atrai desta maneira a si. Fá-lo-ia com maior freqüência se fôssemos mais desprendidos das afeições terrenas, mais puros em nossas ações, mais simples no nosso amor. Deus não deseja senão comunicar-se a nós. Quer ser Rei do nosso coração e Senhor da nossa vida. Quer ser tudo em nós.

O recolhimento, alma da vida de adoração

"Maria sedens secus pedes Domini, audiebat verbum illius.
Unum est necessarium (ait Dominus): Maria optimam partem elegit."

"Maria, sentada aos pés do Mestre, ouvia-lhe as palavras.
Uma só coisa é necessária (disse o Senhor) e Maria escolheu a melhor parte." (Lc 10,39.42)

I

A virtude característica, dominante do adorador, deve ser a virtude do recolhimento, por meio do qual domina e governa sua alma e seus sentidos sob o Olhar de Deus e movido pelo impulso de sua Graça divina.

A alma recolhida é semelhante ao piloto que, com seu pequeno leme, dirige, à mercê de sua vontade, a grande nave. É semelhante ao espelho da água, calma e pura, onde Deus se mira com delícia. É semelhante, ainda, ao pedaço de prata lisa onde Deus de certo modo se retrata no esplendor da sua luz que tão bem reflete a alma recolhida aos seus pés.

Feliz da alma tão privilegiada, que não perde uma única palavra de Deus, um único sopro de sua voz, um único olhar seu. Procurai, portanto, adquirir tão precioso estado, sem o qual vossos trabalhos e vossas virtudes serão como a árvore sem raízes e a terra sem água. Cada estado de vida tem sua medida e sua condição de felicidade. Este a encontrará na penitência, aquele no silêncio, outro ainda no zelo... Para os adoradores, estará unicamente no recolhimento em Deus, como para o filho está no seio querido da família e para o Eleito no seio de Deus, isto é, no Céu.

II

Como, porém, adquirir e conservar o santo recolhimento? Fechai, primeiro, as portas e janelas da alma. Recolher-se é deixar-se possuir por Deus. Fazer um ato de recolhimento é pôr-se todo à disposição de Deus. Ter o espírito de recolhimento é nele se comprazer.

Mas o recolhimento não precisa somente viver pela Graça, pede ainda um centro divino. O homem não se deve apegar ao bem que faz; seria a idolatria de suas obras; nem pôr seu fim principal nas virtudes, que são um caminho que devemos seguir, mas no qual não podemos descansar. O mesmo amor só será um centro à medida que se unir ao objeto amado, senão há de esmorecer e sofrer qual a esposa dos Cânticos que procurava, desolada, o Dileto do seu coração. Deveis, portanto, colocar em Jesus — Jesus bom e amável — o eixo da vida de recolhimento, porque só nele encontrareis a liberdade sem travas, a verdade sem nuvens, a santidade no seu manancial. E Jesus Cristo, ao dizer: "Quem come a minha Carne e bebe o meu Sangue, permanece em mim e Eu nele", se dirige sobretudo a vós, almas que viveis da Eucaristia. Notai bem que Jesus permanece em nós à medida que permanecemos nele, embora Ele nos atraia a essa união, suscitando-nos o desejo, segurando-nos, contentando-se com o auxílio dos nossos fracos esforços. O poder e a força do santo recolhimento está, pois, em ser ele uma morada mútua, uma sociedade divina e humana, firmada em nossa alma e em nosso íntimo, com Jesus Cristo presente em nós pelo seu Espírito.

III

Onde se há de realizar a união de Jesus conosco? Essa aliança mística se opera em nós mesmos. A união se faz e se exerce em Jesus presente em mim. Sua afirmação é positiva: "Se alguém me amar, guardará minha palavra, meu Pai o amará, a ele viremos e nele faremos a nossa morada". E o Espírito de Jesus, que nos foi dado para permanecer sempre conosco, habita em nós como no seu templo. É o que nos diz a *Imitação*: *"Eia anima fidelis, præpara huic Sponso cor tuum quatenus ad te venire et in te habitare dignetur"*. "Avante, alma fiel, prepara teu coração para que teu Esposo venha a ti e em ti fixe sua morada."

Por que escolheu Nosso Senhor o interior do homem para a realização dessa união? Para forçá-lo a entrar em si. Ele fugia de si mesmo como fugimos dum culpado, e tinha medo de si como temos de uma prisão — e não era ele tudo isto? E, pela vergonha e pelo horror que tem a si mesmo, apega-se a tudo o que é exterior. Enquanto foge assim do seu coração, Deus fica abandonado da criatura que criara unicamente para ser seu templo e o trono do seu amor. Nestas condições, impossível lhe é trabalhar no homem, nem com o homem. Então, para obrigá-lo a entrar novamente em sua alma, Deus aproxima-se dele e fala-lhe, não aos ouvidos, mas ao coração.

Jesus vem a nós sacramentalmente para viver em nós espiritualmente. O Sacramento é o invólucro que o contém. Ao rasgar-se, dá-nos à alma a Santíssima Trindade, qual o éter que, contido num glóbulo, uma vez rompido o invólucro, sob a ação do calor natural se espalha no estômago. Jesus Cristo quer, por conseguinte, fazer do interior do homem um templo real para que, encurtado o caminho, o homem possa sempre encontrar, em toda facilidade, seu Senhor que está sempre à sua disposição, como mestre, modelo e graça; para que possa recolher-se em si mesmo em Jesus, e assim, a todo momento, o homem recolhido em si, lhe possa oferecer a homenagem dos seus atos, e o sentimento amoroso do seu coração, enquanto lhe lança um olhar que tudo diz e tudo dá. As seguintes palavras da *Imitação* são a expressão cabal dessa vida de recolhimento interior: *"Frequens illi visitatio cum homine interno dulcis sermocinatio, grata consolatio, multa pax, familiaritas stupenda nimis"*. *"Jesus* visita freqüentemente o homem interior, fala-lhe amiúde, consola-o amorosamente, entretém-se com ele numa familiaridade inconcebível".

Será possível que Deus persiga a alma deste modo, pondo-se à sua disposição, permanecendo num corpo tão vil, numa alma tão terrena, tão miserável, tão ingrata?! E, todavia, é divinamente certo!

IV

Como alimentar e aperfeiçoar o santo recolhimento? Assim como se conserva a luz, a vida do corpo: fornecendo-lhe sempre novo alimento.

Fortificar o homem interior, que é Jesus Cristo em nós, impõe-se. Devemos concebê-lo, fazê-lo nascer e crescer por todas as ações, leituras, orações e trabalhos, enfim, por todos os atos da vida. Para isso, porém, é mister renunciar-se inteiramente à personalidade de Adão, às suas vistas, aos seus desejos, e viver na dependência de Jesus presente em nosso interior. É mister que os olhos do nosso amor estejam sempre fixos nos seus em nós; que prestemos a Jesus a homenagem afetuosa de cada prazer, de cada sofrimento; que tenhamos no coração o sentimento suave da sua Presença, qual a de um amigo que, embora longe dos olhos, está, todavia, perto. Contentai-vos, em geral, com estes meios — são os mais simples e vos permitirão plena liberdade de ação e toda atenção aos vossos deveres, enquanto formarão uma espécie de atmosfera suave em que vivereis e trabalhareis com Deus. Que a freqüência dos impulsos amorosos, das orações jaculatórias, dos gritos do coração a Deus presente em vós, acabem por vos tornar, como que naturais, o pensamento e o sentimento da Presença Divina.

V

Mas por que será o recolhimento de tão difícil aquisição, de tão penosa conservação? Um ato de união é coisa fácil, mas a vida de união contínua é dificílima. Ai de nós! Nosso espírito tem muitas vezes febre e divaga; estamos alheios a nós mesmos; os trabalhos da inteligência ou do corpo reduzem-nos a um estado de escravidão; a vida exterior nos arrasta; a menor coisa impressiona. Equivale a uma derrota. Tais os motivos que tanto dificultam o recolher-nos em Deus.

Para assegurar, portanto, a paz do vosso recolhimento, nutri-vos o espírito de uma Verdade que lhe agrade, que deseje conhecer e, deste modo, ocupá-lo-eis como o colegial; dai à vossa imaginação um alimento sadio, de acordo com vossas ocupações, e conseguireis fixá-la. Mas se o simples sentimento do coração bastasse por si só, para conservar-vos o espírito e a imaginação em paz, que fiquem quietos: não os desperteis.

Muitas vezes, também, Deus vos dará uma unção de Graça, um recolhimento tão suave, que transborda e se espalha nos sentidos. É um encanto divino. Permanecei no vosso coração. É aí que Deus reside e faz ouvir sua voz. Quando sentirdes que essa graça sensível está caindo, desaparecendo aos poucos, empregai, para retê-la, atos positivos de recolhimento. Pedi a vosso espírito que vos socorra, nutri vosso pensamento com alguma Verdade Divina, a fim de adquirir, pela virtude do recolhimento, o que Deus começara em vós pela suavidade de sua Graça. Não vos esqueçais jamais de que a medida do vosso recolhimento será a medida da vossa virtude e da Vida de Deus em vós.

A vida de oração

"Ego cibo invisibili et
potu, qui ab hominibus
videri non potest, utor."

"Nós temos um pão e
bebida que os homens não
podem ver." (Tb 12,19)

Há duas vidas no homem: a do corpo e a da alma, obedecendo cada qual, em sua esfera, às mesmas leis.

A vida do corpo depende, em primeiro lugar, da alimentação: tal comida, tal saúde; em segundo lugar, do exercício, que o desenvolve e lhe dá forças; em terceiro lugar, do repouso onde refaz suas forças fatigadas pelo exercício. Qualquer excesso, portanto, quer de um lado, quer doutro, é princípio de doença e de morte.

A alma segue o mesmo rumo na ordem sobrenatural, ao qual se deverá cingir como corpo. Ora, a alimentação, comida e vida da alma é Deus, aqui na terra conhecido, amado e servido pela Fé, e, no Céu, visto sem nuvens, possuído e amado. É Deus sempre. E é pela meditação da sua Palavra, pela sua Graça, pela prece, base da oração, meio único de alcançar a Graça divina que a alma se nutre de Deus.

E assim como na natureza cada organismo exige uma alimentação diversa, segundo a idade, os trabalhos e o gasto das forças, assim também cada alma precisa de uma dose particular de oração. Notai que a Vida divina não se sustenta de virtude, mas de oração, já que a virtude é um sacrifício, um gasto, e não um alimento. Quem sabe orar de acordo com suas necessidades, tem sua lei de vida. Não é a mesma para todos. Uns precisarão de um grau menor de oração para se manter no estado de Graça; outros, de um grau maior. Esta afirmação não pode ser posta em dúvida, pois a experiência no-la prova.

Uma alma se conservará no estado de Graça com pouca oração — basta-lhe esse pouco — mas não há de voar muito alto, enquanto outra, pelo contrário, dificilmente nele se manterá com muita oração. Sente necessidade de mais. Que ore, e ore sempre! Assemelha-se a essas naturezas fracas, que precisam comer com freqüência para não definhar.

Existem, porém, rezas de preceito, segundo o estado. O sacerdote terá seu ofício, os religiosos suas orações de regra. Não os poderão omitir nem abreviar espontaneamente. Ora, a piedade forma religiosos no mundo, e a Graça divina pede a essas almas que rezem mais do que pela manhã e pela noite. A condição essencial de sua piedade — sem a qual não conseguirão se manter — está em rezar mais.

A oração divide-se em vocal — da qual acabamos de falar — e mental, sendo esta a alma daquela. Se a alma não orar, se a intenção não se fixar em Deus, na oração vocal, as palavras não terão resultado, pois sua virtude está na intenção, no coração.

É a oração mental, tomada no sentido estrito de meditação, de oração, necessária? É, pelo menos, de grande utilidade, já que todos os Santos a praticaram e a recomendaram. É de grande utilidade, porque, sem ela, é difícil alcançar a santidade. E isto me leva a dizer que há três espécies de oração: de necessidade, de conselho e perfeição.

A primeira oração, de necessidade, nos é imposta sob pena de danação! Abri o Evangelho e encontrareis o preceito de oração, cuja medida não está determinada, pois varia, segundo cada alma. Deveis, no entanto, fazer o bastante para vos manter no estado de Graça, o bastante para vos conservar à altura dos vossos deveres. De outra forma sereis semelhante ao nadador que, não agitando suficientemente os braços, se perderá certamente. Que multiplique os esforços, se não quiser que seu peso o arraste ao abismo.

Se o fardo das tentações vos oprimir demasiadamente, multiplicai vossas orações. É regra redobrar as diligências segundo as circunstâncias do momento. Ah! quão grave é a obrigação de pôr a oração em relação com as necessidades que se apresentam. Está em jogo nossa salvação! Omitis com facilidade vossos deveres de estado? É que não rezais bastante, caminhais para a condenação. Clamai a Deus, agitai-vos. A miséria humana diminuiu vosso passo e vos lançará por terra, se a resistência não se fizer sentir. Rezai por conseguinte, na medida do preciso, a fim de vos tornar um verdadeiro cristão.

A segunda oração, de conselho, é a oração da alma que se quer unir a Deus e penetrar no seu cenáculo. Aqui, por serem as obrigações de um tal estado mais estreitas, é mister rezar muito mais. Assim como uma intimidade maior torna mais assíduas as visitas e as relações, assim também a intimidade com Jesus leva-nos a visitá-lo mais vezes e orar com mais freqüência. Quereis seguir ao Salvador? Tereis maiores combates a sustentar; necessitareis de graças mais abundantes. Multiplicai, por conseguinte, vossas orações para poder obtê-las.

A terceira oração, de perfeição, é a oração da alma que quer viver de Jesus, guiar-se sempre e em todas as coisas pela Vontade Divina. Penetrando na doce familiaridade de Nosso Senhor, viverá em Deus e por Deus. Tal a vida religiosa, vida de perfeição para quantos lhe compreendem o alcance, vida em que a alma se dá a Deus para que Ele lhe seja a lei única, o fim, o centro, o gozo! Na oração somente encontra sua felicidade. Será isto motivo de surpresa para nós? Se, na verdade, ela aterra a imaginação e domina o espírito, Deus, em troca, lhe derramará no coração a plenitude das suas dulcíssimas consolações. Almas tão belas, são raras, mas existem. E de que não serão capazes! Os Santos, orando, convertiam países inteiros. Será porque rezavam mais do que os outros? Nem sempre. Mas rezavam melhor, rezavam com todas as potências. Ah! sim, todo o poder dos Santos — e quão grande é, meu Deus! — está na sua oração.

Mas como verificar se, na prática, minhas orações bastam ao meu estado? Bastarão se vos levarem a progredir na virtude. Quando a digestão se faz com facilidade e a saúde se mantém firme e robusta, é que a comida foi adequada. Se vossa oração vos conserva na Graça do vosso estado, se vos faz crescer, a digestão é boa. Se as asas da oração vos fazem voar bem alto, vossa alimentação vos basta — elevar-vos-eis sempre mais.

Mas, se vossas orações vocais e mentais, vos conservam num vôo baixo, ameaçado que estais de cair a todo momento, é que não conseguem dominar a miséria do homem velho. Vossas orações não são, portanto, nem boas nem suficientes, e a vós se aplica a queixa do Salvador: "Este povo me honra pelos lábios, mas seu coração se conserva afastado de mim".

Qual o resultado? Uma grande desgraça. Sentados à mesa régia do Salvador, morremos de fome. Estamos bem doentes. O fim se aproxima. O pão de vida transformou-se-vos numa comida de morte e o vinho bom em veneno mortal! O que vos poderá levantar? Nada! Se tirardes ao corpo seu alimento, há de desfalecer. Se tirardes à alma sua oração, ao adorador sua adoração, cairão para todo o sempre. Não há remédio.

Será possível? Mas é certo! A mesma Confissão não vos poderá levantar, porque, despida de contrição, não tem valor. E não é a contrição, uma oração aperfeiçoada? A Comunhão, também será impotente. Que poderia produzir num corpo que apenas abre uns olhos apatetados? E se Deus quiser operar um milagre de misericórdia, não poderá fazer mais do que nos comunicar novamente o espírito de oração.

Quem perde a vocação ou deixa a piedade, começou por abandonar a oração. Então as tentações se fizeram mais violentas, os inimigos atacaram-no com furor maior. Sem armas, cai vencido. Este ponto é de suma importância, notai-o bem. É por isso que a Igreja nos pede encarecidamente, que não relaxemos na oração e que rezemos sempre que pudermos. A oração — sem a qual havíamos de cair a cada passo — é nosso guia, nossa vida espiritual.

Pergunto, agora, se sentes necessidade de orar, se ides à oração, à adoração, como à mesa de jantar? Então, tudo está bem. Se procurais aperfeiçoar-vos, corrigir-vos dos defeitos, é bom sinal, e prova de que tendes forças para trabalhar. Mas se, pelo contrário, a adoração vos é tediosa, e vedes chegar com satisfação a hora de terminá-la, então estais enfermo. Que dó me inspirais!

O excesso de alimentação — é voz corrente — acaba por nos enfastiar até das comidas mais saborosas, que só nos inspiram desgosto e provocam náuseas. Cuidado! Não nos deixemos jamais entorpecer no serviço de Deus, na mesa do Rei dos reis, pela rotina, mas procuremos ter sempre algum sentimento que nos toque, nos recolha, nos aqueça e nos leve a orar. Bem-aventurados os que têm fome e sede de justiça! Tenhamos sempre essa fome divina, provoquemo-la mesmo e cuidemos em não perder o gosto espiritual. Deus, repito, não nos poderá salvar sem oração da nossa parte. A nós, portanto, cabe cuidar da nossa oração.

O espírito de oração

"Effundam super domum David spiritum gratiæ et precum."

"Derramarei sobre a casa de Davi o espírito de graça e de oração." (Zc 12,10)

Deus, prometendo ao povo de Israel enviar-lhe o Messias, caracteriza sua missão pelas seguintes palavras: "Derramarei sobre a casa de Davi e sobre todos os habitantes de Jerusalém o espírito de graça e de oração". No entanto, já se rezava antes da vinda de Jesus Cristo e Deus distribuía sua Graça, sem a qual os justos não se poderiam ter santificado. Esta Graça de oração não era, todavia, procurada com ardor nem sequer apreciada. Então, Jesus, qual orvalho de Graça, a cobrir a terra, veio espalhar por todos os lados o espírito de oração.

A oração é o caráter da religião católica, a marca de santidade da alma, sua própria santidade. Gera Santos. É o primeiro indício de santidade. Ao verdes alguém que vive de oração podereis dizer: "É um Santo".

São Paulo, sentindo o chamado de Deus, começa logo a orar, e outra coisa não faz senão orar nos três dias que permanece em Damasco. O sacerdote Ananias, enviado pelo Senhor para batizá-lo, quer resistir um momento à ordem divina, receoso de se aproximar desse perseguidor dos cristãos. "Vá, foi-lhe dito, e o encontrarás orando." *"Ecce enim orat."* Ora. Já é, portanto, um Santo. O Senhor não disse que se mortificava, ou jejuava, mas que *orava*. Toda alma que ora alcançará a santidade.

A oração é luz, é força, é a própria ação de Deus. Quem ora, dispõe do Poder divino. Jamais, porém, se tornará santo o homem que não ora. Não vos deixeis levar nem pelas palavras, embora belas, nem pelas aparências. O demônio tem muito poder, é douto, transforma-se em anjo de luz. A ciência, tampouco, forma santos; não vos fies nela. Só o conhecimento da verdade não pode santificar. É preciso acrescentar-lhe o amor. Que digo? Há um abismo entre o conhecimento da verdade e a santidade. Quantos gênios não se têm perdido.

Insisto. Nem as boas obras de zelo e de caridade podem, por si, nos santificar. Deus não imprimiu à santidade este caráter. Os fariseus — e no entanto Nosso Senhor os chama de sepulcros caiados — observavam a lei, davam esmolas, consagravam os dízimos a Deus. Trabalhavam muito sem que, no entanto, seu trabalho se mudasse em oração. O Evangelho no-lo confirma. É que a prudência, a temperança, a dedicação se podem aliar a uma consciência viciada.

Nem as boas obras exteriores, nem tampouco a penitência ou mortificação, constituem a santidade da alma. Quanta hipocrisia, quanto orgulho não encobrem às vezes um mísero hábito, um semblante extenuado por privações!

A alma, porém, que vive de oração não engana. Reza e, por conseguinte, já possui todas as virtudes — é santa, pois, que é oração, senão a santidade posta em prática? Aí todas as virtudes se podem exercer. A humildade, que vos leva a confessar a Deus que tudo vos falta, que nada podeis; que vos faz acusar as vossas culpas, levantar os olhos a Deus e reconhecer que só ele é Bom e Santo. A fé, a esperança e o amor. Faltará ainda alguma coisa? Na oração praticamos todas as virtudes morais e evangélicas.

Quando rezamos fazemos penitência, mortificamo-nos, dominamos a imaginação, cravamos a vontade, prendemos o coração, humilhamo-nos. A oração é, portanto, a própria santidade, já que contém em si o exercício de todas as virtudes.

Haverá quem diga que a oração não passa de preguiça. Pois bem, tomemos aqueles que gastam suas forças com maior ardor e verificaremos que lhes custará muito mais orar do que se dedicar, ou se sacrificar nas obras de zelo. Ah! quão mais doce e mais consolador e mais fácil é a natureza dar a Deus do que pedir!

A oração, repito, é, em si, a prática de todas as virtudes, sem a qual nada presta, nem dura. A própria caridade, sem a oração que a fecunde e refresque, murchará qual planta sem raiz.

A oração não é, na ordem divina, senão a própria Graça. Já notaste que as tentações, as mais violentas, são contra a oração? Esta inspira tanto medo ao demônio que, de bom grado, nos deixaria fazer todas as obras imagináveis, se pudesse nos impedir de orar, ou, pelo menos, se conseguisse viciar nossa oração. Devemos, pois, estar de sobreaviso, alimentar sempre o espírito de oração, fazer da oração nosso dever primordial. O Evangelho não nos manda antepor a salvação do próximo à nossa própria salvação, pelo contrário, diz-nos que nada vale ao homem salvar o mundo inteiro, se vier a perder sua própria alma. A primeira lei imposta — infelizmente violada todos os dias — é a da salvação própria. Descuidamo-nos de bom grado de nós mesmos para servir aos outros, entregando-nos a obras de caridade. De fato, a caridade é fácil e cheia de consolações, eleva-nos, enobrece-nos, mas enquanto isto, fugimos da oração por indolência. Por ser sem ruído e silenciosa, é humilhante; e não ousamos, portanto, nos entregar a ela.

Se a vida natural depende da alimentação, a vida sobrenatural depende, de modo absoluto, da oração. Se fordes, por conseguinte, obrigados a tudo deixar — penitências, obras de zelo, até mesmo a Comunhão, jamais deveis abandonar a oração! É de todos os estados; a todos santifica. Mas será que devemos deixar a Comunhão, que nos dá o próprio Jesus, de preferência à oração? Devemos. Sem oração não ressentiremos os efeitos salutares da visita de Jesus. Será qual remédio encerrado num invólucro. Nada se faz de grande para Jesus sem a oração, que nos reveste das suas virtudes. Se não rezardes, nem os Santos, nem o próprio Deus vos farão progredir no caminho da perfeição.

A oração está de tal forma ligada à santidade, que Deus, ao querer elevar a alma, não intensifica suas virtudes, mas sim, seu espírito de oração, isto é, a sua capacidade de poder. Aproxima-a de Si, e nisto está o segredo da santidade.

Consultai vossa experiência própria. Sempre que a voz de Deus se fez ouvir, haveis procurado com maior insistência a oração e o retiro. E os Santos, cientes da importância da oração, amavam-na mais que a tudo e suspiravam continuamente pela hora em que a ela se poderiam entregar. Sentiam-se atraídos a ela como o ferro ao ímã. A oração foi-lhes, portanto, a recompensa: no Céu oram continuamente.

Ah! na verdade, os Santos rezavam sempre e por toda a parte. A oração era sua graça de santidade. Eles sabiam ainda fazer rezar tudo o que os cercava. Ouvi a Davi: *"Benedicite Domino omnia opera ejus. Omnia"*. Tudo. Ele presta a todos os seres, animados e inanimados, um cântico de amor a Deus. E que significa isto? Ah! as criaturas louvam a Deus se lhe soubermos servir de voz. A nós, portanto, cabe louvá-lo por elas, a nós animar toda a natureza com esse sopro divinal da oração e formar com todos os entes criados um concerto magnífico de louvor a Deus.

Rezemos, pois, e amemos a oração, aumentando-lhe, dia a dia, seu verdadeiro espírito. Se não rezardes, perder-vos-eis. E se fordes abandonado por Deus, podeis atribuir isto, com toda certeza, ao fato de não rezardes. Sois qual o desgraçado náufrago que recusa a corda que lhe lançam com intuito de arrancá-lo à morte. Que fazer? Está perdido!

Repito-vos: deixai tudo, menos a oração! Ela, e só ela, vos fará voltar sempre a Deus, por mais afastado que estiverdes. Se vos apegardes na vida cristã à oração, ela vos conduzirá à santidade e à felicidade, tanto neste mundo como no outro.

O sentido de Jesus Cristo

"Sicut ergo accepistis Jesum-Christum Dominum, in ipso ambulate, radicati et superædificati in ipso...

"Já que recebestes ao Senhor Jesus Cristo, andai nele, enraizados e edificados nele." (Cl 2,6-7)

I

A vida interior é para a santidade o que a seiva é para a árvore e a raiz para a seiva.

É verdade incontestável que o grau da vida interior constitui o grau da virtude e da perfeição, e quanto mais interior for a alma, tanto mais esclarecida será pelas luzes divinas, forte no dever, feliz no serviço de Deus, enquanto tudo lhe servirá de motivo para recolher-se, tudo lhe aproveitará, tudo a unirá a Deus.

Pode-se definir a vida interior como sendo a vida de família da alma com Deus e os Santos. Ser interior é amar bastante, para saber conversar e viver com Jesus.

Ó vós, que quereis viver com a Eucaristia, deveis, mais do que ninguém, aplicar-vos à vida interior de Jesus. É vosso fim, é vossa graça. Deveis ser adoradores em espírito e em verdade. Sois a Guarda de Honra do Deus oculto, cuja vida na Eucaristia é toda interior. Aí ele vela seu Corpo para nos patentear seu Espírito e seu Coração. Sua Palavra é toda íntima e encobre suas virtudes para nos obrigar a chegar à sua origem, isto é, ao Amor Divino e Infinito.

Mas, como alcançar esse estado de vida interior, princípio e perfeição da vida exterior? Pelo recolhimento. Recolher-se é virar-se de fora para dentro. Ora, existem três graus de recolhimento: o primeiro, no pensamento do dever: o segundo, na graça da virtude e o terceiro, no amor.

II

Pelo primeiro grau de recolhimento colocamo-nos na consciência do dever e da Lei de Deus. O que manda, o que proíbe ela? Estarei observando-a nesse pensamento, nesse desejo, nessa ação? Uma vez feita a pergunta, a alma recolhida procederá de acordo com a resposta interior.

O homem recolhido em seu dever tem os olhos fitos na consciência para observar sua simpatia ou seu pesar, sua afirmação ou sua negação, qual o piloto, que fixa sempre a bússola para poder dirigir a nave.

Esse primeiro grau de recolhimento é fácil, porque a menor infração se faz acompanhar de um mal-estar, de uma inquietação, de uma admoestação da consciência: "Fizeste mal!" Só o homem escravo de suas paixões, culpado voluntariamente, corre e procura distrair-se para não se ver a si mesmo nem dar ouvidos a essa censura interior. O demônio impele-o, prende-o a uma vida toda natural, prende-o na febre dos negócios, do ruído, da mudança, das novidades — e nesse estado, não ouve nem a Deus, nem à consciência. Então, o único remédio reside numa grave enfermidade, que nos crava no leito, a sós com nós mesmos, ou na humilhação e nas desgraças que nos abrem os olhos, fazendo-nos tocar com o dedo, por assim dizer, a verdade das palavras da *Imitação*: "Tudo é vaidade, exceto amar a Deus e a Ele só servir!"

Vivei, pois, pelo menos, no pensamento, da Lei; recolhei-vos em vossa consciência e obedecei ao seu primeiro toque; que não vos habitueis desdenhar sua voz, e a obrigá-la a repetir suas admoestações. Prestai toda atenção ao primeiro sinal. Ligai a Lei do Senhor ao vosso braço e conservai-a sempre sob os vossos olhos e dentro do vosso coração.

III

Pelo segundo grau de recolhimento recolhemo-nos no espírito interior da Graça divina.

É certo que, pela nossa qualidade de filhos de Deus, o Espírito Santo habita e permanece em nós com a missão divina de formar em nós um homem novo, Jesus Cristo, inculcando-nos suas virtudes, seu espírito, sua vida, — num palavra, de fazer de cada um de nós um outro Jesus Cristo.

Mas, se o Espírito Santo é em nós mestre, educador e santificador, é mister ouvir-lhe a voz , pôr-nos à sua disposição, ajudá-lo na sua tarefa de transformar o velho Adão em Jesus Cristo. Portanto, o recolhimento em Deus presente em nossa alma se impõe. Mas, essa transformação em Jesus se fará gradualmente; deve ser seguida e constante. É fácil cumprir um ato de virtude, mas adquirir-lhe o hábito requer um trabalho contínuo de naturalização. Quereis, por exemplo, tornar-vos humilde como Jesus, ou antes reproduzir a Jesus humilde em vós. Deveis declarar guerra incessante ao amor-próprio, à vaidade, ao orgulho, sob os seus múltiplos aspectos. E, já que o orgulho vos ataca continuamente, que tem base na alma, que já lhe vendestes uma parte de vós mesmos, vossa vigilância deve ser de todos os momentos. Observai os vossos passos para frustrar-lhe as astúcias e tende sempre à mão as armas necessárias para repelir-lhe os assaltos.

Mas, em combater o mal, não está toda a virtude. É apenas o trabalho de desobstrução, de preparação. É a condição primeira de fidelidade imposta por Deus e que nos emancipará de um hábito inveterado e vicioso. Mas, quanto à virtude em si, só a podemos adquirir pelo amor e estima que, considerada em Nosso Senhor, nos souber inspirar. A virtude só é amável se for vista nele, por Ele praticada, e encarada como uma qualidade sua, que nos atrai pela simpatia de amor. Detestamos o que o amigo detesta, gostamos do que gosta, imitamos o que faz. Amar a virtude nos seus diversos atos, é adquiri-la em verdade. O amor desta ou daquela virtude será nossa regra de vida, Nosso Senhor nos levará a procurá-la, fá-la-á nascer em nós, inspirar-nos-á a necessidade de cumpri-la sempre, e só nos sentiremos satisfeitos quando se nos deparar uma ocasião de exercê-la. Mas, como as ocasiões de praticar exteriormente as virtudes — sobretudo as grandes — são raras, o amor da virtude não tardaria em se apagar na alma, cujo alimento só consistisse em atos exteriores. É porque o amor faz com que a virtude viva no íntimo da alma, onde o espírito lhe contempla incessantemente a beleza e a bondade em Jesus Cristo, e o coração dela se faz um ente divino, com quem conversa habitualmente. Para a alma amante e recolhida, a humildade é Jesus manso e humilde de Coração. Vê-o, contempla-o, admira-o, exalta-o, ama-o e segue-o nos variados atos da humildade, pronta a imitá-lo, quando quiser, confiando na sua Bondade, para suscitar-lhe as ocasiões, que serão recebidas com igual serenidade, quer sejam freqüentes, ou raras, quer ocultas ou brilhantes. A virtude consiste no amor que dura sempre e contém em si só todas as virtudes, com os diversos atos que lhe são próprios. Tal o segundo grau de recolhimento, recolhimento na Graça do Espírito Santo, no amor da virtude que sabe inspirar a alma.

IV

Pelo terceiro grau de recolhimento, recolhemo-nos no Amor. Até aqui a alma se recolhera em si, para consultar a consciência, a graça, ou a voz do Espírito Santo. Agora, a alma sai de si mesma, para se colocar em Deus e nele viver. É fruto natural do amor passar-se para a pessoa amada, viver nela, para ela, trabalhar para fazer-lhe prazer, procurar ser-lhe agradável e consultar-lhe, por conseguinte, antes de tudo, o pensamento, as impressões, o desejo — adivinhando-o, mesmo, quando não se manifesta, até penetrá-lo.

O primeiro pensamento da alma recolhida no Amor Divino, ante alguma coisa a fazer, não é ver se isso lhe convém pessoalmente, ou se lhe há de trazer alguma vantagem, mas consultar a Jesus Cristo para saber se isso lhe agrada, se visa à sua Glória, feliz, se, para lhe fazer prazer, deva renunciar a si mesma, até o sacrifício.

Esse recolhimento não fica, como os outros dois, na prática deste ato ou daquela virtude, mas, sim, na própria Pessoa de Jesus Cristo, num amor que lhe é todo dedicado, amor que, sendo o centro de sua vida, se lhe torna a lei: tudo o que Jesus quiser, tudo o que desejar, tudo o que lhe possa ser agradável, torna-se a paixão nobre e dominante do coração. Tais as relações entre o filho extremoso e o pai querido, ou a mãe ternamente amada; tal a esposa fiel, toda dedicada ao esposo: *"Et ego illi!"*

Nesse recolhimento, a alma goza de plena liberdade, porque vive do espírito de amor, toda entregue a tudo e a nada, enquanto tudo lhe serve para alimentar o recolhimento, porque a tudo vê na Vontade de Deus. É desse recolhimento que fala Nosso Senhor na Ceia, quando diz: "Permanecei em mim e Eu permanecerei em vós. Quem ficar em mim e Eu nele, produzirá frutos em abundância. Se permanecerdes em mim e se as minhas palavras permanecerem em vós, tudo quanto pedirdes, Eu vo-lo concederei. Se observardes meus preceitos, permanecereis no meu Amor, assim como Eu observo os preceitos do meu Pai e permaneço no seu Amor".

Logo, o recolhimento perfeito consiste em permanecer no Amor de Nosso Senhor. Será isto fácil? Ou será, pelo contrário, de muito custoso alcance? Tudo depende do amor que está no coração. Quando o amor de Jesus Cristo se tornou um pensamento habitual, suave e forte, quando se tornou a paixão divina dos nossos desejos, quando nosso coração está triste sem Jesus, quando sofre com sua ausência e se alegra com sua simples lembrança, então, permaneceremos, de fato, no seu Amor.

O essencial é que tudo o que compõe a vida sirva para entretê-lo, que o afeto seja habitual e o olhar em Jesus constante. Finalmente, a facilidade em se recolher, a paz e a suavidade gozadas no recolhimento, são a prova divina de que já o possuímos e permanecemos no seu Amor. *"Manete in dilectione mea."* Que Nosso Senhor nos conceda esse amor. Será nossa santidade bem como toda a nossa alegria já nesta vida e depois, na outra.

O orvalho da Graça

"Ego quasi ros, Israel germinabit sicut lilium et erumpet radix ejus ut Libani."

"Ser-vos-ei um orvalho benfazejo; Israel há de florescer qual lírio e sua raízes se extenderão quais as do cedro do Líbano." (Os 14,6- Vulg.)

Temos de cultivar no jardim da nossa alma, nesse paraíso de Deus, o grão divino que a Comunhão semeia em nós; Jesus Cristo, grão que há de germinar e produzir flores de santidade. Ora, a condição essencial, imposta pela natureza no cultivo das flores, é conservá-las frescas e as raízes úmidas. Se estas vierem a secar, a planta murchará, pois a fecundidade lhe vem da umidade. O sol independente de outros elementos, não poderia fazer desabrochar as flores, que não poderiam resistir ao seu calor; mas fecunda a umidade, ativando-a. Cabe-vos, portanto, para cultivar a flor de vossa santidade, Jesus em vós, conservar a raiz úmida e fresca, isto é, levar vida interior. A natureza dá à terra orvalho e chuva. Ora, a Graça de Deus é o orvalho da alma que, sendo copioso, se tornará uma chuva que a inundará, fecundando-a.

A cultura da alma consiste, pois, na vida de recolhimento. A vida exterior, embora santa e apostólica, rouba-nos sempre um pouco do nosso recolhimento e, se não nos renovarmos no interior, acabaremos por perder toda a Graça e toda a Vida Sobrenatural.

Mas, se a virtude é meritória, o seu exercício exterior deveria produzir antes um acréscimo do que uma diminuição de graças. À primeira vista, assim parece; é mesmo a tendência natural da virtude. Lembremo-nos, porém, de que operamos sobre os fundos fracos de vida interior prontamente esgotados pelo exercício, conforme no-lo provam os fatos. Perguntai aos missionários se a vida de zelo torna a alma interior e todos vos responderão que não.

Narra-nos o Evangelho que, certa vez, uma mulher se aproximou às escondidas do Salvador, tocou-lhe a orla da túnica, e ficou curada. Mas Jesus exclama logo: "Uma virtude saiu de mim!" E, todavia, não perdia uma força, nem isso lhe diminuía o oceano do Poder Divino. O sol dardeja seus raios e espalha seu calor sem se esgotar, e Deus dá sem se enfraquecer. Conosco, no entanto, não será assim, e quando, nas obras de zelo, dermos algo ao próximo, sacamos sobre fundos da vida espiritual. Isto, repito, não pertence à natureza da virtude, mas nosso estado enfraquecido, e degradado, nossa tendência a descer sempre, faz com que nunca exerçamos a virtude exteriormente, senão em prejuízo das forças interiores e sem ter de recorrer novamente ao repouso para nos refazer.

E não falo somente das obras brilhantes ou árduas, como a pregação, a confissão, os estudos, a direção das obras de caridade, mas das simples ocupações de cada dia, a que nos ligam deveres de estado, ou a obediência, e que gastando nossa vida interior, nos hão de arruinar, se não renovarmos freqüentes vezes nossa reta intenção. Tornar-nos-emos máquinas e, nem sequer, máquinas a vapor, que dão regular e constantemene o que podem. Quanto a nós, não caminhamos por muito tempo no mesmo passo. Transformar-nos-emos numa máquina monstruosa! É que levamos sempre conosco o mundo, que penetrará por alguma fenda, no recôndito da nossa vida. É tão fácil deixar entrar o amor-próprio aí onde só amor de Deus deveria reinar!

Si digo isso dos empregos exteriores e manuais, digo-o também do estudo. O próprio estudo de Deus, das Sagradas Escrituras e da Teologia, rainha das ciências, vos hão de enfatuar e esgotar o coração se não levardes uma vida interior assídua. O estudo levará vantagem sobre o coração e o secará, se não for regado cuidadosamente com aspirações, intenções e impulsos amorosos a Deus. Se a ciência auxilia a piedade, esta a santifica. E isto se aplica ainda mais às obras de zelo que requerem cuidados, tais a pregação, a confissão, a direção de obras de caridade. Já que dispendeis forças maiores, tendes maior necessidade de vos refazer. "A água do batismo, dizia São Crisóstomo, que torna o cristão tão puro, está, no entanto, bem suja, quando sai da piscina, depois do mergulho." Será que haveis de querer perder-vos para salvar outros? Ah! que desgraça!

Quanto mais nos elevamos em dignidade, tanto mais perdemos na vida interior, nas forças divinas, porque é um sacar constante e de todos os lados sobre nossos fundos de reserva. Então a oração torna-se mais imperiosa. Não dedicavam os Santos o dia ao trabalho e a noite à oração? Não deverá o soldado vitorioso tornar ao seu acampamento, a fim de descansar, se não quiser que sua bandeira triunfal lhe sirva de mortalha? Quanto maior o trabalho, maior também o retiro.

O mundo ilude-nos singularmente a este respeito. "Vede, que bela vida leva esse homem! Não dispõe de um só momento, mas gasta-os todos no serviço do próximo!" Muito bem. Porém, um exame mais minucioso nos há de revelar entre tão grande bem, alguns defeitos que tornam esse zelo suspeito. Parece-me que as folhas dessa árvore tão frondosa começam a murchar antes do tempo. É que, por existir um vício interno por lhe faltar a verdadeira seiva, isto é, a vida interior, aos poucos vai definhando. É preciso estar tão unido interiormente a Deus, quanto exteriormente às boas obras que se praticam. O demônio sabe aproveitar-se da nossa ignorância neste ponto para nos perder. Vendo uma alma generosa e cheia de zelo, atira-a, absorve-a, turva-lhe o olhar sobre si mesma, para suscitar-lhe mil ocasiões de se despender, para esgotá-la. Então, quando ela está toda entregue às misérias dos outros, aproveita-se para minar a base até conseguir apoderar-se inteiramente dela. Ah! quão depressa marchamos sob o sol ardente quando as raízes estão presas profundamente à terra úmida!

"Mas devo trabalhar. Há tanto que fazer e as obras de Deus surgem por todos os lados!" É verdade. Mas dai ao comer e ao dormir o tempo necessário, se não quiserdes enlouquecer. Na verdade há grande perigo em nos entregar demasiadamente às boas obras exteriores, a menos que, com o Profeta, tenhamos nossa alma nas mãos, para ver se seguimos sempre o caminho certo, pois é tão fácil e por vezes tão tentador desviar à direita ou à esquerda! Se, num exército os atiradores prestam serviços, todavia não ganham a vitória. Assim também não deveis estar sempre a correr, mas sim procurar recolher-vos em vós mesmos para pedir forças a

Deus e meditar sobre o melhor modo de delas vos aproveitar. Dar-vos-ei uma regra prática. Perguntai-vos se dominais a vossa posição ou se sois por ela dominado? Se fordes dominado, então é um caso perdido. Que será do navio, quando, apesar de toda a perícia do piloto, o leme for arrancado pela tempestade? Ora, o vosso leme, que vos dirige e vos move, é o recolhimento, envidai, pois, todos os esforços para conservá-lo, se não quiserdes ser arrastado.

É freqüente ouvir-se dizer: "Tal alma deve ser muito santa, porque é muito zelosa". Perguntarei então: "É interior?" Se for, podeis contar com ela, mas se não for, nada fará de santo ou de grande para Deus. Dominai, portanto, vossa vida exterior para que ela não vos domine e seja a vossa perda.

Se vossas ocupações vos permitem considerar interiormente a Nosso Senhor, o caminho que trilhais é bom e podeis continuar. Se vossos pensamentos, no meio do trabalho, se elevam a Deus; se souberdes prevenir a secura e o vácuo do coração; se vossos labores exteriores vos deixarem sempre cansados e aborrecidos, embora reine no fundo do coração uma grande paz, é bom sinal. Gozais da liberdade, sois senhor da vossa pessoa, andais em Presença de Deus.

Que recompensa dá Jesus Cristo aos Apóstolos quando estes voltam triunfantes depois de terem pregado, curado e operado toda a espécie de milagres? Diz-lhes: "Vinde descansar no silêncio".

"Venite seorsum... et requiescite pusillum", isto é, "Já gastastes muitas forças, vinde repará-las".

Depois do Pentecostes, tendo recebido o Espírito Santo, os Apóstolos, cheios de um imenso zelo, querem tudo fazer. É próprio das grandes almas. Quando estão à testa de uma obra, querem tudo empreender, julgando nunca fazer o bastante, pois têm sempre mais alguma coisa em sua frente. Assim é que Moisés acumulava as funções de chefe de Israel, de juiz e de delegado do povo junto a Deus até que o Senhor lhe desse ordem de repartir suas ocupações com outros anciães. Assim também os Apóstolos serviam os pobres, julgavam as desavenças, pregavam, batizavam as multidões. Não tinham idéia de que, dividindo o seu tempo entre a pregação e o serviço próximo, não lhes restava mais nenhum para orar. É erro comum. Sobrecarregados que estamos de trabalho, nem sequer nos lembramos de recorrer aos outros para nos ajudar. Sentimos necessidade de fazer tudo por nós mesmos, o que é muito imprudente; é querer matar-se sem obter vantagem alguma. Mas a necessidade de trabalhar, de nos dedicar nos leva de vencidos.

Um dia, porém, Pedro, a quem fora dada, entre os demais Apóstolos, uma luz especial, disse: "Não nos convém fazer tudo, porque então não nos resta tempo para orar. Escolhamos diáconos que sirvam aos pobres, enquanto nós nos entregamos à pregação e à oração". *"Nos autem orationi et ministerio verbi instantes erimus."* Pois bem, quem se julgará superior em santidade e em graça de Deus aos Apóstolos? Míseros pigmeus na vida espiritual, deveríamos passar em oração os dias e as noites.

A virtude que não partir do interior para o exterior não é verdadeira. Deve iniciar-se nos pensamentos, nos afetos, na oração. Onde fica a espiga nos meses de inverno? No grão de trigo enterrado, até que as forças combinadas do calor e da umidade o façam germinar e amadurecer. Pois bem, a virtude é um grão semeado em vós e que só a oração, a vida interior e os sacrifícios farão germinar. O reino de Deus está dentro de vós e nunca conseguireis uma virtude exteriormente sólida que não for, primeiro, interior.

Não vedes como Deus começa sempre a operar na alma pelo interior? Não são vossas tentações interiores? É que Deus está a trabalhar o vosso coração; está a semear. As tempestades violentas agitarão a haste frágil da vossa virtude incipiente, para que possa estender suas raízes. Tal o trabalho de Deus. E quando surge algo de custoso a fazer, a assistência não vem da mão nem do corpo, mas do coração. Assim também toda virtude deverá ser primeiro interior e receber do interior sua vida. Para se conhecer o grau de virtude de uma alma é preciso conhecer-lhe o grau de vida interior.

Será esta a norma habitual. Ao tomardes a resolução de vos exercerdes numa virtude, tomai resolução de praticá-la interiormente. E como? Praticando-a na prece, no pensamento habitual, na oração. Mais tarde, então, chegareis aos atos exteriores.

Tal o caminho que segue Nosso Senhor na Eucaristia. Pela Comunhão Ele vem dentro de nós para nos visitar, é verdade, mas já que permanece em nós, visa mais a alguma coisa. Vem semear suas virtudes na alma, cultivá-las, formar-se em nós, amoldar-nos nele. Vem cuidar da nossa educação de Vida divina para que Ele cresça em nós e que cresçamos nele até atingirmos a plenitude do homem perfeito que é o próprio Jesus Cristo.

Considerai-lhe o estado no Santíssimo Sacramento. Podeis vê-lo? E todavia Ele está aí. Mas só dá a perceber sua vida exterior aos Anjos. Sem nada vermos, no entanto cremos na sua presença ali, como cremos no sol, embora oculto pelas nuvens, e no trabalho da natureza, embora nos fuja inteiramente. E isso nos prova que a vida exterior não é tudo, mas que há também uma vida invisível, interior e genuinamente real.

Ao comungardes, pedi a Nosso Senhor para viver nele e que Ele viva em vós. É a parte interior, perante a qual a maior parte dos cristãos fica indiferente. Comungam. Mas seu espírito, sua intenção, sua vontade estão nas obras exteriores e Jesus não encontra, ao dar-se-lhes, com quem conversar.

Em resumo, o poder da virtude está na vida interior, sem a qual toda virtude será impossível, a não ser por milagre divino. "Se assim for, alegareis, talvez, que a salvação é coisa árdua." Mas falo aqui a pessoas que não se contentam com os simples preceitos. As outras conhecem seus deveres e a retidão de sua consciência lhes mostra o bem e o mal, enquanto o número limitado das suas obrigações lhes são uma garantia de salvação.

Mas quanto a vós, quereis levar vida piedosa, quereis gozar dos favores do Mestre divino e viver uma vida superior à comum. Tereis mais que fazer. Ao subirdes em dignidade, subi também em virtudes. Vossas obrigações vão se multiplicando. O Salvador, amando-vos mais que aos outros, concede-vos maiores Graças e exige mais da vossa parte.

Cuidado, pois, com a rotina. É tão fácil quando a vida é regular e as obras exteriores boas. Renovai sempre vossa intenção e conservai úmida a raiz da árvore, se quiserdes produzir frutos de salvação.

A insensibilidade do coração

"Percussus sum ut fenum et aruit cor meum."

"Feneci qual erva dos campos e meu coração secou-se em mim." (Sl 101,5)

I

São Bernardo, escrevendo ao Papa Eugênio, dizia-lhe: "Receio, Eugênio, que a multiplicidade dos negócios vos levem a abandonar a oração, cujo resultado seria a dureza de coração".

Assim falava o santo doutor a um grande Papa, todo entregue aos interesses da Igreja, isto é, aos negócios mais santos. Com razão maior devemos aplicar-nos estas palavras a nós, a quem negócios de importância muito menor afastam da oração. É o mundo que nos envolve; é uma bagatela que nos distrai e nos desvia o espírito da prece; é uma simples ocupação exterior que nos faz cair na insensibilidade espiritual — a maior das desgraças.

Defendei-vos contra a falta de sensibilidade, contra a dureza de coração, porque o coração sensível, dócil, que se sente bem no serviço de Deus, é coisa necessária.

Quem for insensível não terá horror a si mesmo, e caso venha a pecar, suas feridas, embora profundas, lhe passam despercebidas.

Sensibilidade. Não conheço outra palavra mais apta a exprimir meu pensamento. E que é sensibilidade? É a inclinação pelo bem a fazer e a repulsa pelo menor mal. Não falo — é claro — da sensibilidade nervosa dos falsos devotos.

Não falarei, tampouco, para não exagerar da insensibilidade involuntária. O Rei Davi confessava que, por vezes, estava em Presença de Deus qual burro de carga, pesado e insensível, mas acrescentava logo: *"Ego autem semper tecum"*. "Apesar dessa insensibilidade, ficarei sempre aos vossos pés, convosco." Semelhante estado de incapacidade de espírito não será sempre uma punição; será, antes, um meio para nos fazer chegar à maior submissão para com Deus, à maior humildade. Mas que fazer em tal caso? Nada. Aceitá-lo com paciência, fazendo aquilo que puder e esperar. Em geral não há culpa da nossa parte num tal estado, e portanto não seremos responsabilizados pelas securas e orações malfeitas. É Deus que, em sua misericórdia, nos reduz a isto a fim de que nosso espírito não divague; que nosso coração se inflame de um amor mais ardente e nossa vontade se torne mais perseverante e mais firme.

A insensibilidade involuntária do coração é também muito penosa — mais penosa ainda que a incapacidade espiritual. É pelo coração que amamos a Deus, e a vontade sendo dirigida pelo amor parece estar como que paralisada. É a provação enviada, as mais das vezes, ao exageradamente sensual que quer estar sempre a gozar de Deus — então Nosso Senhor, para lhe fazer provar gozos mais amargos, leva-o consigo a Getsêmani.

Em geral, porém, a dureza do coração será uma punição. Sendo uma conseqüência dos nossos pecados, precisamos evitá-la a todo transe. Os estados de provação não duram muito; passam, enquanto nos preparam Graças maiores e satisfazem algumas dívidas. Então o sol raia novamente em todo o seu esplendor. O coração, por si, não pode permanecer insensível a Deus e só o pecado, ou um estado de pecado o arrastará. Nosso Senhor não pôde suportar senão três horas a provação de Getsêmani e a tristeza do seu Coração, o abandono do Pai, colocou-o às portas da morte.

Se tal estado perdurar, procuremos a culpa do nosso lado, porque, em geral, é sinal de que o provocamos. Se estamos, por exemplo, há muito tempo — um ano ou mais — insensíveis às graças de Deus, à sua inspiração, à oração, não procuremos uma causa afastada. Está bem próxima, está em nós mesmos. A causa sou *eu*. Então compete-nos determiná-la e empregar todos os meios para sair desse estado, que, se a alma que começou por provar a Deus chegar a este ponto, será por culpa sua. Deus não é tão rigoroso. É um Pai bondoso, que não saberia ocultar-se longamente. Se Ele subtraísse por muito tempo sua Face, havíamos de morrer. Não nos atesta a Escritura que Deus é Bom, cheio de ternura e de amor, pai e mãe para seus Eleitos? Devemos sentir — é necessário — a sua Doçura, sua Bondade, senão a culpa é nossa. Falta-nos um sentido; estamos paralisados e a ninguém senão a nós mesmos podemos culpar. A nós cabe procurar as causas a fim de remediá-las.

II

Uma das causas é a leviandade do espírito que se dissipa com coisas exteriores. O espírito leviano nunca está senhor de si, nem sabe refletir. É levado pela impressionabilidade e pelo atrativo. Quando tem fome, pede para comer sem se dar ao trabalho e procurar sua comida nem a isso dedicar o tempo necessário. Não a encontrando em Deus, procura as criaturas. É porque a insensibilidade e a dureza de coração começam em geral pela leviandade do espírito. Se este meditasse, também se havia de alimentar. Mas, ao contrário, passa a hora de oração entregue a veleidades. Causar-nos-á surpresa se o coração vier a sofrer as conseqüências?

Cuidado, pois, com a dissipação do espírito. Que vossa atenção toda se volva à oração, onde vos alimentais e planejais vossa estratégia espiritual. A meditação que não vos preparar para a luta, é despida de valor. Já que não alimenta, vos levará a cair desfalecido.

Mas, alegareis, embora me esforce quanto posso, na oração, esta todavia não me nutre. Então procurai outro assunto que melhor vos convenha. Se uma arma não provar bem, procurai outra. O importante é estar armado. Lembrai-vos de que na vida espiritual há umas práticas de simples devoção e outras que se impõem, como a meditação, o espírito de fé e de oração, insubstituíveis e que, se forem abandonados, terão por resultado o apagar-se da vida espiritual, que perderá seu sustento. A verdade é que o coração vive do espírito e que o amor e a afeição só se nutrem de oração.

Outra causa da dureza de coração é a nossa infidelidade à Graça. Nem a Graça, nem a Luz, nem a Inspiração divina nos hão jamais de faltar — a voz de Deus se faz sempre ouvir. Mas nós a abafamos, e assim paralisamos nosso coração, que vive unicamente da Graça. Se, portanto, este não a recebe mais, desfalece certamente.

Temos, além das Graças de salvação, outras de santidade e de vocação, a que nos devemos igualmente cingir, e que nos amoldam de fato naquilo que devemos ser. Que será do homem que não estiver na sua Graça de estado? E a Graça de estado do adorador está na oração, na imolação que faz de si mesmo, aos pés do Santíssimo Sacramento. — Se dela vos descuidardes, haveis de definhar, infalivelmente. — Sem fogo não há calor. Que o exame neste ponto seja feito com todo cuidado. Rezais? Tudo está bem! Mas se vos descuidardes de coisa tão importante, grande será o perigo. Não nos chega a Graça de Deus por meio da oração, do sacrifício, da meditação? Não há efeitos sem causa. Tendes direito às Graças e se não vos aproveitardes desse direito, a responsabilidade vos caberá e tereis de prestar contas do talento guardado inutilmente. O corpo, enquanto obedece ao regime prescrito, vai bem. Ora, a alma também tem seu regime. A nós cabe verificarmos se cumprimos com todas as orações que nos foram prescritas.

Abandonastes, talvez, a oração por algum tempo, com idéia de retomá-la brevemente. É presunção. É querer viver sem Deus, e sem alimentos... Caireis pelo caminho!

"Mas só deixei as orações de simples devoção!" Cuidado. Por que as deixar agora, se durante tanto tempo as praticastes regularmente? É uma ingratidão, uma indolência que levará ao pecado. Não vos compete a vós alterar espontaneamente vosso regime. Senão vossa devoção se tornará lânguida. Acrescentar é uma coisa, diminuir outra. Não vos desculpeis tampouco alegando não haver lei alguma que vos obrigue a guardar tal regime devoto. No amor de Deus não se olha para as exigências da lei, e sim as do coração.

Uma terceira causa está na sensualidade da vida. Deus ama-nos muito e deseja ardentemente nos elevar a si. Todas as vezes, pois, que buscamos satisfazer-nos em nós mesmos ou nas criaturas, Ele nos castiga ou permite que nos castiguemos a nós mesmos, perdendo o vigor, e a alegria no seu serviço — castigo que não se faz esperar, seguindo-se a culpa. É a lei da santidade. Os outros pecados nem sempre terão seu castigo próprio, mas o gozo das criaturas ou de si mesmo terá por punição o pecado mortal, até que o inferno vingue a Justiça Divina. Mas quem procurar sua consolação em si ou nas criaturas, prejudica a Graça Divina, diminui a Deus e o desonra em si mesmo. Seu castigo imediato será a privação da paz e do contentamento, fruto do serviço de Deus. Castigou-se pelo seu próprio pecado.

Tais almas são muito numerosas. O homem quer sempre gozar. É natural de todos os estados, procurar-se de início o lado sensível, julgar-se o amor mais forte porque a sensibilidade é maior. Mas então assemelhamo-nos à criança que recebe, a fim de acalmá-la, uma recompensa imerecida que lhe dê prazer. Não amamos — somos amados. Gozamos e tornamo-nos ingratos para com Aquele que é a fonte única dessa alegria toda gratuita que atribuímos ao mérito e à virtude própria, enquanto é um dom do Salvador. Ai de nós! Se Deus nos tratasse assim! Se nos lisonjeasse como lisonjeamos os doentes graves, ocultando-lhes a gravidade do mal!

Por conseguinte, quando a insensibilidade se fizer sentir, procuremos descobrir se não houve, da nossa parte, alguma sensualidade — não falo da sensualidade abominável, mas da sensualidade no bem, do prazer que desperta o amor-próprio nas boas obras, sensualidade que pratica o bem para poder dele gozar, se honrar, se glorificar, em vez de dirigi-la a Deus, seu autor. Urge sair desse estado e bendizer a Deus, que vos tratou com dureza a fim de vos facilitar a descoberta do mal.

III

O coração deverá, portanto, ser sensível e dócil, sujeito às impressões da graça, ao seu menor toque, capaz de sentir em si a operação divina.

Quem trabalha, ora, ouviremos dizer muitas vezes, e embora não sinta a Deus, meu trabalho me santifica. Ah! se rezardes ao trabalhar muito bem! Só o trabalho que for animado por bons desejos, por aspirações e uniões a Deus se transformará em oração. O outro não. Não trabalham ímpios e pagãos?

"Mas, se enquanto trabalho, cumpro com a Vontade de Deus, é o bastante." Pergunto se será mesmo para vos conformar com essa Vontade que trabalhais e se nela pensais? "Mas cumpro o meu dever." Cuidado. Assim fazem também soldados e galeotes. A vida exterior, por si, não é oração e para nela se transformar, precisa ser animada pelo espírito de oração e de amor a Deus.

É necessário, repito, ter um coração sensível a Deus. Por que nos teria o Criador dotado de sensibilidade se não fosse para lha dedicarmos? É a vida do espírito de

Fé. Não dizia o Senhor aos Judeus: "Tirar-vos-ei vosso coração de pedra e dar-vos-ei um coração de carne"? Era de pedra seu coração, porque eram todo exteriores, porque encontravam sua recompensa na felicidade presente. Mas aos cristãos, deu o Senhor um coração de carne, capaz de sentir a Vida divina, unir-se a Deus, unir-se ao Verbo. Ora, o Verbo só opera num coração semelhante ao seu. Sendo espírito, só fala espiritualmente e pela Fé. Devemos, pois, poder sempre dispor da alma e do coração, a fim de os elevar a Deus para que o divino obreiro os possa amoldar no seu próprio molde, imprimir-lhes marca, vida e movimento. Para fazer-se um vaso, o barro deverá estar mole e úmido a fim de que se lhe possa dar forma; em seguida será exposto ao sol. Nosso coração também deve ser qual barro manuseável.

O Senhor, na Sagrada Escritura, repelindo e amaldiçoando a terra diz: "Será árida e a chuva não a regará. Nada lhe sairá do seio e não será mais acessível à relha do arado". Mas ao abençoá-la, dirá, pelo contrário: "A chuva e orvalho a fecundarão." Assim Deus rega-nos o coração, fecundando-o com o orvalho de sua Graça e enquanto o dilata com o calor do seu Amor, tornando-o assim apto a receber-lhe as impressões variadas.

IV

A sensibilidade do coração tem, por primeiro efeito, mostrar-nos mais claramente a aproximação de Deus, fazer-nos ouvir-lhe, com maior alegria e de mais longe, a voz, e deixar-nos sob a impressão de sua Presença amorosa.

Facilita também ao coração dirigir-se com maior facilidade a Deus, levado antes pela impressão, ou pelo instinto, do que pelo raciocínio. Quanto mais a alma se dá a Deus, tanto maior serão a sensibilidade e a delicadeza. Não se trata aqui de derramar lágrimas mais ou menos abundantes. A sensibilidade e a delicadeza do coração são algo de misterioso, algo de indefinível, mas de perceptível.

À medida, porém, que nos afastamos de Deus, decresce a delicadeza. Deixamos a companhia do Rei para juntar-nos à plebe e, em vez de conservar o olhar fito em Deus, procuramos fitá-lo unicamente nas criaturas. Ai de quem cair desse modo!

A sensibilidade tem, por segundo efeito, levar-nos à oração interior. As orações vocais não nos bastam mais e embora sejam santas, não nos sabem satisfazer plenamente. É que o coração precisa nutrir-se a todo momento de sentimentos novos. Precisa, desprendendo-se cada vez mais, elevar-se continuamente e sentir necessidade de viver com Deus, pela meditação.

Um coração sensível ao serviço de Deus impõe-se, porque somos fracos. É doutrina presunçosa querer dispensar esta sensibilidade e caminhar sem o gozo de Deus. Não devemos, é certo, procurar este gozo como um fim, e Nosso Senhor saberá no-lo subtrair se descansarmos demasiadamente nele. Mas se a atração se fizer sentir, se na verdade subis e sentis o Coração de Jesus repousar no vosso, ah! que felicidade é a vossa! Solicitai esta Graça, bastão sólido e seguro que vos ajudará a caminhar.

Não gosto de ouvir dizer: "Armei minha tenda no Calvário!" Se fordes ali para chorar, muito bem, mas se vosso coração permanecer frio, então é obra do orgulho.

Quereis dispensar os meios suaves e fáceis, empregados por Deus em sua Misericórdia? E com que direito? Ah! nestes tempos em que, infelizmente, a instrução visa tornar crianças de sete anos em filósofos, estas se tornam pedantes e arrogantes, porque o espírito leva vantagem sobre o coração.

O Evangelho mostra-nos Madalena e as santas mulheres chorando. E que faz Jesus? Repele-as? Não! Consola-as. Se Deus vos deu um coração sensível, senti, pois, a Deus e dele gozai à vontade.

Mas a ternura do coração é, em geral, fruto do sacrifício. Se o Senhor vos levar por este caminho, deveis submeter-vos, deixando-lhe plena liberdade de ação. Ele quer todo o nosso coração, enquanto nós temos medo de nos entregar inteiramente. É-nos mais fácil dizer: "Prefiro sofrer!"

Tal sentimento é inspirado pela indolência. Custa-nos abandonar-nos totalmente. Queremos determinar qual será o sofrimento porque a escolha feita por Deus nos inspira receio. Ah! seja nosso coração sempre um coração sensível e afetuoso, mormente na oração. O serviço de Nosso Senhor não nos sabe causar bastante alegria. E todavia Deus quisera nos comunicar em abundância as suavidades de sua Graça. A nós cabe aceitá-las com toda a confiança e assim garantir nossa felicidade no tempo e na eternidade.

A pureza da vida de amor

"Cor mundum crea in
me Deus."

"Criai em mim, ó meu
Deus, um coração puro."
(Sl 50,12)

I

Sem a virtude de caridade habitual, isto é, o hábito do estado de Graça, toda virtude carece de valor. Esse estado de Graça é absolutamente necessário se quisermos agradar a Deus, nele viver e impõe-se a quem quiser viver da vida contemplativa. Sem ele todas as outras graças são quais brilhantes perdidos no lodo. O alimento recebido pelo estômago doentio, e vez de vivificá-lo, faz mal ao organismo. Quem apresentar a Deus um cadáver infecto, julga, por acaso, oferecer-lhe uma hóstia de agradável odor? E todavia, sem o estado de Graça, que somos senão isto?

Para que Deus possa amar-nos e conceder-nos novas graças, precisamos estar em estado de Graça. Ele não nos ama de certo porque o merecemos, nem se comprazerá em nossa obras pelo simples motivo de serem nossas. Que valemos aos seus olhos e que poderá produzir de bom um corpo e uma alma maculados pelo pecado? Uma ninharia natural, quando muito; nada, porém, de sobrenatural. É sua Graça, é sua Santidade, refletidas no coração puro, que Deus ama em nós. E é o bastante para lhe satisfazer o Olhar Divino. A criança que acaba de receber o Batismo, sem nenhuma virtude adquirida, será amada por Deus pela sua pureza, pelo seu estado de Graça. Então Deus mira-se na Graça que lhe orna o coração e saboreia o perfume dessa flor delicada, enquanto lhe aguarda os frutos.

No adulto é ainda o estado de Graça, estado de pureza, adquirido no banho do Sangue de Jesus, que Deus ama acima de tudo. É o que constitui, na verdade, toda a nossa beleza. É o reflexo de Jesus Cristo nos Santos. Ele se mira nas suas almas como o Pai no seu Verbo. Na alma pecadora, porém, Deus não se há de mirar. Como poderia Ele lançar um olhar de complacência no carrasco do seu divino Filho? Como poderia o mal se tornar amável? A razão primeira que nos induz a conservar o estado de Graça, é que nos torna agradáveis aos Olhos de Deus e nos faz merecer seu Amor.

II

Com razão maior, isto tudo se aplica aos adoradores que se chegam tantas e tantas vezes aos pés e à vista de Jesus. Quereis, por acaso, apresentar-vos como inimigos seus? Que sua imagem viva se imprima em vossa alma, se quiserdes que Ele vos receba com prazer. A primeira coisa a fazer, ao chegardes à adoração, é afugentar o demônio pela Água Benta e pelo ato de contrição, simples dever de asseio que obriga tanto o pobre como o rico. Não ousaríamos, de outra forma, se tivéssemos Fé, penetrar na igreja com um único pecado na consciência, mas nos conservaríamos à porta do templo, com o publicano. "Então nunca nos seria dado passar da porta." A vós cabe purificar-vos para poder entrar. Acho que o pecador que diz: "Não ouso entrar na igreja, nem apresentar-me a Deus", se forma uma idéia exata das conveniências. Faz mal, naturalmente, em não recorrer à Penitência, tem razão no fundo quanto a este sentimento de temor.

A caridade habitual deveria ser nossa virtude mais querida. Vede como procede a Igreja nesse sentido. Seu sacerdote é tido por santo, porque representa a Jesus Cristo e renova as maravilhas operadas outrora pelo Salvador. E todavia a Igreja o detém aos pés do Altar, obriga-o a se prostrar, a se humilhar, a confessar seus pecados, a receber, por assim dizer, o perdão do seu ajudante — em geral um pobre menino: "Que o Senhor todo- poderoso tenha piedade de ti". *"Misereatur tui!"*

Vós, ao chegardes à adoração, vinde exercer as funções dos Anjos. Sede puros como eles. Quem se apresentar à adoração com uma consciência maculada insulta a Deus. Não lemos na sagrada Escritura: *"Peccatori autem dixit Deus: Quare tu enarras justitias meas et assumis testamentum meum per os tuum!"* O Senhor diz ao pecador: "Como ousas tu com lábios impuros narrar minha justiça e repetir minhas promessas?" Si quiserdes, portanto, adorar, sede puro. Ousará a alma que exala um cheiro cadavérico apresentar-se a Jesus Imaculado? Ah! um pouco menos de desprezo para com Nosso Senhor! Não vos chegueis à adoração com o pecado na consciência.

O estado de Graça! Ah! o demônio ri de nós. Praticamos com entusiasmo atos insignificantes de virtude enquanto nos descuidamos da pureza de nossa consciência. E que será um ato de virtude? É um fruto. Ora, a raiz faz a árvore que produz o fruto. Que a raiz seja, portanto, santa. Se o Senhor se agrada do louvor saído dos lábios infantis é porque nasce de um coração inocente.

Saturemo-nos com essas idéias. Saibamos manter bem alto o estado da Graça e repetir freqüentemente: "Sou na adoração o representante da Igreja e de toda a família de Jesus Cristo; sou o advogado dos pobres e dos pecadores; sou-lhes o intercessor. Como ousaria pedir a Deus o seu perdão se eu também sou pecador?" Na verdade, o Senhor só atende a uma coisa: à pureza, ao estado de Graça. É-vos familiar a bela resposta do cego de nascença aos Fariseus que se esforçavam por lhe demonstrar que Jesus Cristo era pecador: "Ignoro se é ou não, mas Ele me sarou e sei que Deus não atende a pecadores!"

Como podem os Santos apaziguar a Cólera Divina senão porque se apresentam como vítimas puras, revestidas da pureza do Filho de Deus, o Pontífice inocente e sem mácula?

III

Dado isto, que nos resta fazer? Prezar o estado de Graça acima de tudo e nada recear tanto quanto as ocasiões de pecado. Levamos nosso tesouro num vaso tão frágil, que devemos estar sempre de sobreaviso, desconfiando de nós mesmos. Maria treme em presença do

Anjo. Devemos empregar todos os meios para conservar a pureza da alma, estar sempre alerta, qual sentinela, e cuidar dos sentidos. Quando estamos em plena cidade — e hoje em dia as cidades estão tão pervertidas —, deveríamos tapar nossos olhos com as duas mãos para que a morte não nos entre pelas nossas janelas e repetir a todo momento: "Meu Deus, entrego minha alma em vossas mãos". A atmosfera das metrópoles está empestada; o pecado reina qual soberano, enquanto o povo se gloria em servi-lo; o ar é asfixiante; as tentações são mais numerosas e respiramos a contragosto as neblinas pecaminosas. Seja, pois, nossa vigilância mais exata.

Essa vigilância deve aumentar à medida que aumentar a Graça. E o receio de quem tiver sido agraciado com um dom qualquer de oração deve ser ainda maior. Ninguém é tão sensível ao frio como o habitante dos trópicos. Assim também quem vive de Deus, em companhia dos Anjos e dos Santos, deverá exercer uma cautela maior quando se encontrar em pleno mundo. Por que vemos almas piedosas darem quedas pesadas? Comungaram, rezaram bem e todavia caíram. Ah! sua vigilância não foi suficiente. Filhos queridos no seio da família, não se lembraram de que os leões rugiam ao redor. Os Santos, que se sentiam mais ricos em Graça e melhor conheciam sua fraqueza, eram mais atentos do que nós. Quanto maiores as Graças, tanto maiores os perigos. Quanto mais se for amado, tanto mais se deverá recear.

Vosso tesouro é precioso e o demônio, por lhe conhecer o valor, cobiça-o, e muitas vezes o conquistará em poucos minutos. E como? O homem confiou demais em si mesmo, na sua santidade; ufanou-se de suas graças; envaideceu-se seu estado elevado — e caiu. Julgais, porque Deus vos ama com amor privilegiado e vos cumula de Graças, que lho retribuis e lhe mereceis esse Amor? Será vosso por direito? Não. Os filhos mais queridos são muitas vezes os menos amorosos. Não confieis, por conseguinte, na santidade dos vossos hábitos, do vosso estado. Os Anjos caíram do Céu!

Somos propensos a considerar apenas a honra do Serviço de Deus, o brilho que dele nos reverte e aqueles que nos são inferiores. Consideremos, de preferência, nossa miséria. Grandes Graças supõem grande fraqueza. Se Deus vos cerca com tantos cuidados, se vos preserva por tantas barreiras, é porque sois fraco. Este pensamento vos deve conservar alertas.

Cuidado! Não confiemos em nossa santidade. O branco é, entre todas as cores, a mais suscetível de manchar; qualquer coisa a prejudica. Para nós o branco não passa de uma cor de empréstimo. Jesus Cristo no-la confia. A nós cabe guardá-la sem mácula.

Deus muito vos favoreceu. Grande seja, pois, vosso receio. Julgais talvez que Satanás vos ama? Ciente de que lutais para conquistar o lugar dos Querubins e dos Serafins, ele tem ciúmes.

Demais, ele ataca-vos para vingar-se de Nosso Senhor: "Se não vos posso destronar, parece dizer a Jesus, quero, pelo menos quebrar esses cibórios vivos!" Então, impotente ante o Salvador, que o derrubou, lança-se contra nós. Quem almeja a santidade, prepara-se tentações e tempestades horríveis ao ponto de exclamar, por entre esses furores desencadeados contra sua alma: "Mas nunca fui tentado de semelhante modo!" É porque o demônio não tinha medo de vossa pessoa. Não vos deveis, pois, amedrontar se as tentações redobrarem à medida que o fervor no Serviço de Deus se intensificar. Ser-vos-ão antes motivos de alegria porque se o demônio vos ataca, é porque lhe mereceis atenção.

Sejamos puros. Jesus Cristo o quer. Esforcemo-nos por branquear sempre mais a nossa túnica celeste. Ah! tenhamos Fé. Saibamos a quem servimos! Uma prova da nossa pouca Fé é nossa falta de delicadeza para com Nosso Senhor. Seja isto para nós motivo de freqüente pesar. Tornemo-nos puros e que a delicadeza — fina flor da Fé e do Amor — desabroche em nosso coração e nos guie soberanamente nas nossas relações com Jesus Cristo, que ama os corações puros e só se agrada no meio dos lírios. O segredo de sua régia amizade é a pureza de coração fielmente guardada. *"Qui diligit cordis munditiam, habebit amicum regem."*

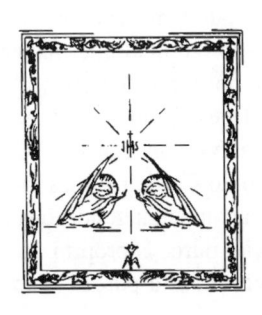

A virgindade do coração

"Sicut lilium inter spinas, sic amica mea inter filias.

"Que a alma, que me é cara por entre todas, seja qual lírio no meio de espinhos." (Ct 2,2)

O reinado do amor está na virgindade do coração. É-nos figurado pelo lírio que domina regiamente as outras flores do vale.

O amor é um. Dividido, repartido será infiel. A verdadeira união realiza-se pela troca dos corações. É pelo coração que as criaturas humanas se unem uma à outra enquanto a pureza dessa união é simbolizada pela veste branca da esposa.

Jesus Cristo também pede-nos a posse radical do nosso coração, sobre o qual quer reinar de modo absoluto, não tolerando que o repartamos com criatura alguma. Ele é o Deus de toda pureza. Ama as virgens acima de tudo; às virgens concede seus favores e lhes dedica o Cântico do Cordeiro. Elas lhe formam a corte privilegiada e o acompanham por toda a parte. Jesus só se une ao coração puro. É próprio de sua união gerar, conservar e aperfeiçoar a pureza. Não produz o amor, pela sua natureza, identidade de vida e simpatia de afeições entre dois amantes?

O amor evita desagradar, esforçando-se por agradar. Ora, se o que desagrada a Jesus Cristo é o pecado, o amor lhe terá horror, evitá-lo-á por todos os meios e o combaterá energicamente, preferindo antes morrer alegremente a cometê-lo. É a mesma história que se repete com os Santos, os Mártires e as Virgens. É sentimento próprio a todo cristão, pois todos nós devemos estar dispostos a morrer antes de ofender a Deus.

Nada é delicado como a alvura do lírio. O menor grão de poeira, o mais ligeiro sopro diminui-lhe o lustre. Podemos dizer o mesmo da pureza do amor, cioso por natureza.

O título que mais apraz a Deus é também aquele que mais gostamos de repetir: *"Deus cordis mei"*. Deus do meu coração. Ah! o coração é nosso soberano, dirige-nos a vida; é a chave de posição. Eis por que todas as tentações do mundo visam conquistá-lo, porquanto uma vez ganho, tudo o mais cai. É a razão pela qual a Sabedoria divina nos diz: "Meu filho, guarda teu coração com todo o cuidado, já que dele depende toda a tua vida". *"Fili, omni custódia custodi cor tuum, ab ipso enim vita procedit."* Jesus só reinará na alma como Senhor absoluto, pela pureza do amor.

Há, porém, duas espécies de amor em Jesus Cristo. A primeira, é a pureza virginal, que brota, qual fruto natural, do amor de Jesus. A alma, seduzida por esse amor, prevenida por esse atrativo, quer consagrar seu coração ao Esposo e dedicar-lhe tudo. *"Ut sit sancta corpore et spiritu."* É um lírio, e Jesus, que se compraz no meio dos lírios, reina no seu espírito, calmo e puro, onde luz só a verdade. Reina no seu coração, como soberano Senhor. Reina no seu corpo, cujos membros lhe estão consagrados e ofertados como hóstia viva, santa e de agradável odor. *"Ut exhibeatis corpora vestra hostiam viventem, sanctam, Deo placentem."*

E a alma encontra nessa pureza toda a sua força. Ante a virgem, treme o demônio. Não foi o mundo vencido por uma Virgem? Serão muitos os corações virgens que nunca amaram senão a Nosso Senhor? Deviam ser, se refletíssemos no que é Jesus Cristo. Que homem ou rei lhe pode ser comparado? Quem será maior, mais santo, mais amoroso? Ah! a realeza desse mundo não vale a realeza virginal de Jesus Cristo!

Havia muitos corações virgens nos séculos de perseguições, nos séculos de Fé. Avaliava-se bem então a honra que estava em dar seu coração unicamente ao Rei dos Céus, em lhe pertencer tão-somente. Hoje em dia, ainda há muitos, apesar dos laços que lhes tecem o mundo e o sangue. São anjos no meio do mundo, mártires de sua fidelidade, pois terríveis e pérfidos são os combates que lhes dão o século e a família, lançando mão de todos os meios para arrancar-lhes essa coroa régia, recebida das mãos de Jesus, o Esposo Divino.

Nosso Senhor recompensa a fidelidade dessas almas, unindo-se-lhes numa intimidade crescente. Pureza, por essência, purifica-as sem cessar, tornando-as um ouro puríssimo, dando-lhes mais tarde no Céu uma recompensa sem par. "Vi o Cordeiro, disse São João, o Apóstolo virgem, na montanha de Sião e com Ele os cento e quarenta e quatro mil virgens que lhe traziam o nome, bem como o do Pai, escrito na fronte. E eles cantavam em presença do Cordeiro, um cântico novo, cântico este que ninguém mais podia cantar. São virgens, e porque estão sem mácula ante o trono de Deus, seguem ao Cordeiro por toda parte onde for".

A quem não couber essa coroa de pureza virginal, resta ainda a da pureza de penitência nobre, bela e forte. É a pureza recuperada conservada pelos mais violentos combates e pelos sacrifícios que mais custam à natureza, penitência que torna a alma forte, senhora de si. É fruto do amor de Jesus.

O primeiro efeito do Amor divino, ao se apoderar de um coração arrependido, é reabilitá-lo, purificá-lo, enobrecê-lo e restituir-lhe a dignidade para depois sustentá-lo nos combates inevitáveis contra seus antigos donos, isto é, seus hábitos viciados.

O amor penitente é um magnífico exemplo. É uma virtude pública pelos combates que sustenta, pelas ligações que rompe. Suas vitórias são sublimes. E todo o seu triunfo consiste em tornar o homem modesto.

Saibamos adquirir, embora à custa dos maiores sacrifícios, esse ouro da pureza provado pelo fogo, a fim de nos enriquecer e de nos revestir da túnica branca, sem a qual não poderemos penetrar no Céu. É a advertência que dá São João ao Bispo de Laodicéia: *"Suadeo tibi emere a me aurum ignitum probatum, ut loclupes fias et vestimentis albis induaris".*

Quem galgará a montanha do Senhor? Aquele que for inocente nas suas obras e cujo coração for puro. Em purificar-nos está, portanto, a grande tarefa da vida presente. Nada de maculado entrará no Reino da Santidade

Divina. Para ver a Deus, contemplar o esplendor de sua Glória, é preciso que os olhos do coração estejam inteiramente puros. Um único átomo de poeira na nossa túnica basta para barrar-nos a entrada celeste, enquanto não nos purificarmos no Sangue do Cordeiro. A palavra dita pelo Senhor não há de passar: "Em verdade vos digo, todo homem terá de prestar contas no dia do juízo de qualquer palavra ociosa que tiver pronunciado".

É preciso purificar-nos sem cessar. Mais vale fugir para o deserto, condenar-se à uma vida de sacrifícios, deixar de lado muitas obras por belas e boas, a perder o tesouro da pureza. Todas as almas a salvar não valem a salvação da nossa própria alma. O que Deus quer de mim, acima de tudo — e sem o que nada mais tem valor —, sou *eu!*

Ah! se não nos for dado ter as virtudes heróicas e sublimes dos Santos, sejamos pelo menos puros; e se perdemos, desgraçadamente, nossa inocência batismal, revistamo-nos agora da inocência laboriosa da penitência!

Sem pureza, não haverá vida de amor.

O espírito de Jesus Cristo

"Qui adhæret Domino unus spiritus est."

"Quem se unir ao Senhor terá com Ele um mesmo espírito." (1Cor 6,17)

I

Ao examinar-nos atentamente notamos que nossa natureza está sempre alerta, querendo dominar-nos a todo o propósito. É o espírito que procura a todo o momento entregar-se à sua leviandade, à sua atividade, às suas curiosidades naturais. É o coração que tem suas preferências, suas afeições humanas. É a vontade tão tenaz naquilo que lhe agrada e tão fraca na fidelidade à inspiração divina. A alma, há poucos momentos calma e concentrada na oração, perde, de um momento para outro, seu recolhimento, não se lembrando mais de Deus. Também nas relações com o próximo, o pensamento de Deus nos escapa. É que nossa natureza não morreu, não foi sequer dominada, nem mesmo bem atada, e nos foge a toda hora.

Pobre árvore espiritual, despida de raízes! Somos, infelizmente, quais plantas cultivadas em estufas que, expostas ao ar, fenecem e ficam geladas. Prova-nos isto que nossa vida espiritual é factícia e artificial e que, avivada ao sol da oração, definha logo se ficarmos entregues a nós mesmos ou nos dedicarmos às ocupações exteriores.

E donde provém isto?

II

Provém de duas causas. A primeira é que, fora da oração, não nos alimentamos espiritualmente do nosso trabalho. Se estudamos, não o fazemos com a devida devoção, e sim por zelo, por atividade natural. Junto ao nosso próximo, em vez de encontrar uma ocasião de trabalhar para Deus, dissipamo-nos. Então nossas ocupações variadas tornam-se numa febre que nos depaupera e consome.

É preciso, naturalmente, trabalhar, mas ao fazê-lo devemos nutrir-nos da virtude própria do trabalho do momento, deixar-nos levar pelo espírito de recolhimento em Deus e ver, naquilo que fazemos, o fiel cumprimento da ordem divina. Devemos dizer antes de cada ação: "Quero honrar a Deus nisto", e entregar-nos à sua Santa Vontade.

A segunda causa é que não dispomos de um centro onde possamos refazer as forças à medida que as dispendemos. Sempre a correr, qual torrente, nossa vida se assemelha ao movimento e ao barulho da pólvora.

Ser-nos-ia necessário o sentimento habitual da Presença de Deus, ou de sua Vontade, de sua Glória, de um Mistério ou de uma Virtude; numa palavra, ser-nos-ia necessário o sentimento de Jesus Cristo. Viver sob seu olhar, sob sua inspiração, como Ele vivia da união ao Pai. *"Hoc sentite in vobis quod et in Christo Jesu."*

III

Essa união de Jesus ao Pai manifesta-se nas suas palavras e nos seus atos. Nas suas palavras: "Não falo por mim mesmo." *"A meipso non loquor."* "Tudo o que aprendi do meu Pai, Eu vo-lo comuniquei." *"Quæcumque audivi a Patre meo, nota feci vobis."* Nosso Senhor nada diz por si. Ouve ao Pai, consulta-o, portanto, para então repetir sua divinal resposta fielmente, sem nada acrescentar, sem nada diminuir. Ele é apenas o Verbo de Deus: *"Verbum Dei"*. Repete-a com respeito, porque é Santa; com amor, porque é uma graça de sua Bondade; com Poder, porque deve santificar o mundo, recriá-lo na luz da Verdade, reanimá-lo no fogo do Amor e, um dia, julgá-lo. A Palavra de Jesus, por isso mesmo, era espírito de vida. Era um fogo misterioso que aquecia. *"Nonne cor nostrum ardens erat in nobis dum loqueretur?"* Era Todo-poderosa: *"Si verba mea in vobis manserint, quodcumque volueritis petetis et fiet vobis"*. "Se minhas palavras permanecerem em vós, pedireis tudo quanto quiserdes e tudo vos será concedido." As palavras divinas partiam de Jesus, como os raios do sol, a fim de iluminar as trevas interiores. *"Ego sum lux mundi."*

Ora, devemos ser para com o próximo: *"verbum Christi"*, a palavra de Jesus Cristo. Assim fizeram os Apóstolos e os primeiros cristãos, por cujas bocas falava o Espírito Santo aos pagãos. Era a recomendação de São Paulo aos fiéis: "Que a palavra de Jesus Cristo habite com abundância em vossos corações." *"Verbum Christi habitet in vobis abundanter"* (Cl 3,16).

É preciso, pois, ouvir a Jesus Cristo falando-nos em nós; compreender e repetir sua palavra interior; ouvi-la com fé, recebê-la com respeito e amor; transmiti-la com fidelidade e confiança, com doçura e força. Ai de nós! Quão pouco nos inspiramos, até hoje, na Palavra de Cristo, e sim na linguagem de nosso amor-próprio ou da afeição natural que nos prende ao próximo! Motivo pelo qual se tornarão estéreis, inconsideradas e mesmo culpadas nossas palavras.

IV

Todas as ações de Nosso Senhor eram inspiradas e reguladas e até particularizadas pelo Pai. *"A meipso facio nihil."* "Por mim mesmo, diz o Salvador, nada faço do que faço." Ele cumpria até a última letra, até o menor ponto, a Vontade do Pai.

Pois bem! Eis aí o dever do verdadeiro servo de Jesus Cristo, da alma que Dele se nutre e tantas vezes o recebe. Já não é honra insigne ter a Jesus por mestre, vê-lo a me dirigir em tudo, a me inspirar as minúcias das minhas ações? Por que não fazer o que Ele faz, como faz, na intenção em que o faz, eu, mero aprendiz seu? Ah! procedêssemos assim e gozaríamos da liberdade, da paz, da união com Deus, sem nos concentrar no que fazemos, mas permanecendo em Jesus, enquanto trabalhamos exteriormente. Então só prezaríamos aquilo que Nosso Senhor quer e pelo tempo que o quer, qual servo a quem se diz: Vai, e ele vai, vem, e ele vem.

Mas isto requer mudança de governo, de chefe, de princípio. Requer uma revolução que prenda e crucifique o velho homem; requer, numa palavra, que entreguemos a Jesus Cristo a direção da nossa vida, contentando-nos em lhe obedecer.

É para tal fim que Jesus vem em nós. Sem esse abandono das nossas faculdades, da nossa vontade, da nossa atividade, Ele não poderá viver em nós uma vida atual. As nossas ações, permanecendo nossas, terão pouco mérito por estarmos unidos a Nosso Senhor só pela graça habitual e não pelo amor atual, vivo e eficaz, e não poderemos repetir sinceramente, e no que tem de profundo, o "Não vivo mais, é Jesus quem vive em mim". *"Vivo jam non ego, vivit vero in me Christus."*

Os sinais do espírito de Jesus

"Fili, diligenter adverte motus naturæ et gratiæ quia valde contrarie et subtiliter moventur; et vix, nisi a spirituali et intimo illuminato homine, discernuntur."

"Meu filho, estuda atentamente os diversos movimentos da natureza e da Graça, porque são opostos e sutilíssimos. Difíceis de discernir, só o serão pelo homem espiritual, esclarecido interiormente." (*Imitação* L.III, c. 54 n. 1)

I

Há duas vidas em nós: a natural e a sobrenatural, e uma das duas nos há de dominar forçosamente. Se for a natural, a culpa é nossa; se a sobrenatural, então esta tudo regula, tudo santifica, tudo corrige, tudo ordena, tudo purifica, e nossa virtude está em entretê-la viva e viçosa. Ora, que espírito nos dirige — o da Graça, ou da natureza? Há momentos em que este discernimento se torna difícil. É a luta que se fere internamente e cujo resultado nos revelará que espírito nos guia, que vida reina em nós.

No mundo tudo converge à vida natural, tudo a nutre, a exalta, a glorifica. Mas, quanto à sobrenatural, quem quiser viver de Deus, a deverá entreter e aumentar por tudo quanto faz por todos os meios de que dispõe.

Aconselho-vos, se quiserdes distinguir os impulsos variados dessas duas vidas, a recorrer ao capítulo cinqüenta e quatro do Livro terceiro da *Imitação de Cristo,* embora a humildade e delicadeza vos levem a crer que tendes todos os defeitos ali enumerados. Mas aqui também a prudência se impõe. Se temos o gérmen de todas as más inclinações, não temos, na prática, todos os defeitos. Que Deus nos faça conhecer os nossos para deles nos corrigir, sem pressa e sem inquietação. A Graça divina nos guiará e, se lhe formos fiéis, fará triunfar em nós a Vida de Jesus.

Indicar-vos-ei agora alguns característicos da vida sobrenatural, para verificardes se os possuis, se sua base é sólida e se é o leme de toda a vossa conduta.

1.º - A Vida de Jesus Cristo domina, primeiro, a consciência, purificando-a e separando-a do pecado, pois Ele não se une à consciência dúbia ou culpada. Examinemo-nos, portanto, para verificar se Jesus vive em nós pela delicadeza de consciência. Se não tivermos ódio ao pecado, então não possuímos o seu espírito. A consciência deve estar desembaraçada e nítida e o inimigo preso de tal forma que não possa sequer turvar-lhe a limpidez. Será preciso recorrer à força — de cujos caracteres trataremos mais adiante —, força contra si mesmo e força contra o pecado. Então a doçura não tardará em vir. Mas agora devemos ver se o pecado nos causa certo pesar. Se não no-lo causar, não somos filhos de casa, e sim estranhos. Se a idéia do pecado, da tristeza causada a Nosso Senhor, da barreira que coloca entre Ele e nós e lhe impede de se dirigir a nós, não nos afligir, é que nosso coração está morto.

2.º - Nosso Senhor vive em nós quando nossa vontade está de tal forma nele que não somente evitamos o pecado — o bastante para nossa salvação —, mas também cumprimos com tudo quanto nos pede.

Mas mesmo nesse segundo estado, há casos em que a luta se fere na vontade contra o pecado, em que esta é incerta, inclinada ao mal pela tentação, obscurecida, transtornada. Então não se trata mais de ter bons sentimentos, mas sim de firmar a vontade contra o pecado e contra os mais graves pecados. Tal estado é mandado por Deus. Os santos ora estão com os Querubins, ora com Satanás. Ora, o coração faz esquecer o combate. As doçuras do serviço divino tendem a apagar por completo a consciência, e Deus, não querendo isto, suscita as tentações que atacam a própria vontade. Então, não havendo mais lugar para o orgulho, a alma duvida de tudo quanto fez até aí, sentindo-se fraca ao ponto de cair por terra se Deus não a levar como que pela mão. E isto é bom porque humilha. A vista da nossa poeira é de vantagem, e certo temor é necessário, para evitar a familiaridade da preguiça. Tais estados são mais penosos do que a apreensão positiva do inferno. A alma chora por Deus e sofre tanto mais quanto mais soube amar até então e mais amada foi, mas Deus a deixa permanecer neste estado até tornar à sua pobreza. "Ai de mim, exclama a alma, a que ponto cheguei eu! Se Deus me tivesse abandonado, se não me tivesse retido, onde não teria eu caído!" Semelhante ato piedoso de humildade agrada a Deus, que nos coloca novamente no bom caminho. Tudo vai bem.

Deveis contar com isso. Passareis por esses estados de alma. Será que subis sempre? Então a purificação se impõe e Deus determinará a hora. Mas que fazer nestes momentos? Apossar-vos da cruz e recorrer à oração — já não é mais tempo de fugir. Quanto a certas almas, logo que cometem um pecado de coração, de afeição, Deus, para purificá-las, traça-lhes esse caminho.

Julgareis talvez que essas almas são culpadas e que se passam por tais provações, a responsabilidade lhes cabe. Não estamos ainda no Paraíso! Haverá, talvez, culpa da sua parte, mas, por outro lado, Deus se aproveita disso para atiçá-las, apressar-lhes a marcha, extrair-lhes sangue e lágrimas para abrir lugar.

Agora voltemos a procurar conhecer o segundo sinal em virtude do qual Nosso Senhor vive em vós. Excluindo esses estados de tentação, de que acabamos de falar, Ele vive em nós quando nossa vontade está presa indivisivelmente à sua. Saibamos fortificar a todo o momento, em nossas adorações e orações, essa vontade de ser todo de Deus, dando-lha continuamente. E para que fim? Para tudo quanto quiser, agora e sempre.

É falha grande na piedade querer prender-se a uma miudeza qualquer, que, vindo a faltar, sendo substituída por outra, não nos encontrará prontos. Ponde-vos à disposição de Deus para tudo o que acontecer e se, presentemente, Ele nada vos diz, pouco importa, sois dele enquanto aguardais ouvir-lhe a voz. Tal a marca distintiva de que Jesus Cristo vive na vontade. Se já alcançastes semelhante ponto, então viveis de sua Vida, pois a vida sobrenatural, a vida em Deus passa-se toda na vontade. O que o homem nela aceita vale por feito perante Deus, e o mérito se medirá nos seus desejos. Estar à disposição de Deus já é operar.

O dia em que o Senhor nos manifestar sua Vontade particular, estaremos prontos para cumpri-la, quer agrade, quer repugne à natureza — o que é indiferente. Ciente da ordem divina, partimos. O homem espiritual está sempre satisfeito, seja o que for que Deus lhe peça. Doma-se o natural pela espora. É preciso ir. Ante a recusa, aplica-se-lhe esta no flanco. Se perceber vossa fraqueza, derrubar-vos-á; se verificar vossa força, obedecerá, embora a contragosto. Evitemos o defeito de querer saber o que nos cabe fazer nessa ou naquela hora. Não! Ponde-vos sempre e a todo o momento à disposição de Deus, sem vos reservar tempo livre — não existe no Céu. Se os regulamentos vos prescrevem exercícios diversos em horas diversas, deveis, nos intervalos, aguardar a Vontade Divina.

Chega a ser imprudente procurar prever os sacrifícios não exigidos no momento atual. É querer combater sem armas. Esperai que Deus vo-los peça, porque então vos será dada a Graça necessária. Deixai-lhe fixar-vos os exercícios, conservando-vos no eixo de sua Vontade Divina. Ponde de lado todas as boas obras que se apresentarem fora desse querer celeste. Se Deus nada vos pede, nada deveis fazer. Ele quer ver-vos repousar, dormir aos seus pés.

3.º - Quando vive Nosso Senhor em nosso coração? Quando este só encontrar sua felicidade e seu gozo em Deus. Gozo de amar a Deus acima de tudo, que, longe de se fazer sempre sentir, é muitas vezes cruciante. O coração, na Vida divina, chega a viver mais de sofrimento que de alegria, e a amar ao sofrimento e à cruz por amor a Deus. Em pertencer-lhe, embora sofra, está toda a sua felicidade. Não vive mais em si, vive em Deus.

Não será sempre fácil discernir se o coração vive de Deus. Para que se adiante no caminho do amor, Deus permitirá que se torne nebuloso, que receie não amar bastante. Será levado e estimulado a amar mais, e, julgando não ter ainda alcançado seu fim, esforçar-se-á por redobrar de amor.

4.º - Em se tratando do espírito, o discernimento torna-se mais fácil. Podemos até saber quando este vive em Deus. A certeza de que leva vida sobrenatural prova que a vontade e o coração vivem de Nosso Senhor, pois é o espírito que, lhes fornecendo idéias e razões, entretém-nos na Vida divina. É o combustível que arde no foco.

Ora, conservar o espírito em Deus é ter o pensamento fixo em Nosso Senhor de modo dominante, nutritivo e fecundo. Pensais nele habitualmente? Então Nosso Senhor está em vosso espírito e nele vive. E vive porque nele habita qual legislador e mestre.

Se o espírito não viver em Deus e não alimentar a vida sobrenatural, o coração dará saltos, a vontade será levada por impulsos. Mas se os souber sustentar, então a vida será robusta e constante. Eis por que as almas piedosas devem ler, meditar, fazer provisão de luz e força — e quanto mais interior for a alma, mais deverá ser instruída, quer pelos livros, quer pela meditação, quer pelo próprio Deus. É também porque muitos cristãos, que nunca refletem, serão honestos, mas nunca amorosos. Há uma piedade pueril que não pensa em Nosso Senhor senão de passagem. É mister entreter essas almas por inúmeros exercícios e pequenos sacrifícios pessoais. Não sabendo refletir, só pedem graças minuciosas e passageiras, e nunca se lembram da pessoa de Nosso Senhor, não sabem pedir-lhe seu Amor, nem a Graça da vida interior. Pensam nas boas obras, mas não no próprio Deus, no princípio do seu Amor, nas suas Perfeições. Voarão baixo. Estão fora da órbita da vida sobrenatural do espírito. É freqüente verem-se meninas que, anjos de piedade no seio da família, uma vez casadas, conservam-se apenas cristãs. E por quê? Porque sua piedade descansava inteiramente nas práticas exteriores de devoção que, no seu novo estado, se tornaram impossíveis. Daí o esmorecer do fervor.

Para remediar a tudo isto, é preciso amar e conhecer a Nosso Senhor nele mesmo. Então quer se faça isto, quer aquilo, o amor será sempre o mesmo. Se o exterior, se a cor da vida vier a mudar, o fundo da vida íntima e real será conservado.

Por que será tão difícil adquirir este amor sólido de Nosso Senhor, a Ele se chegar? Porque é severo e pede sempre mais. É um fogo sempre à procura de algo que lhe alimente a chama. Temos medo de Nosso Senhor e isto explica o pequeno número de vocações adoradoras. Quanto à piedade que está unicamente nas práticas, estas, uma vez cumpridas, nada mais resta a fazer. Mas quem se dá a Nosso Senhor nunca faz bastante. Ele está sempre a pedir mais e não temos o direito de parar em caminho. Vendo-o tão perfeito, sentimos quão longe estamos do nosso ideal.

A balança da vida sobrenatural obedece à seguinte ordem: Em que ponto está a Vida de Nosso Senhor em nós? Afasta-se Ele, ou, pelo contrário, chega-se cada vez mais a nós? O calor ou o gelo da nossa alma será nossa resposta. Pratiquemos, portanto, a vida de aniquilamento que, por ser a de Jesus Cristo no Santíssimo Sacramento, deverá também ser a nossa. Ele aí se dá, se despoja, se aniquila incessantemente. Viva Nosso Senhor tão-somente em nós!

II

Ao analisar o primeiro sinal da vida sobrenatural, disse eu que era preciso ser forte contra o pecado e forte contra si mesmo. A piedade é um simples leite e a força é necessária para assegurar a vitória. O repouso prolongado enerva, enquanto o exercício habitua à luta e fortalece. Toda piedade, portanto, que não emprega a força e não redunda na força, é uma piedade falsa.

1.º - Impõe-se contra as paixões a força brutal, e não a força arrazoada — quem raciocina com seu sedutor, já está perdido. Consentir em discutir, é dizer que este lhe merece certa estima. É essa força brutal que deverá ser empregada contra si mesmo e contra o mundo; há de ser tão cruel e intolerante quanto a vida religiosa, que rompe todo laço com carne e sangue. Longe de nós a tolerância — não há tolerância possível com o inimigo! "Não vim trazer a paz, mas a espada", disse o Senhor. Espada de separação que arranca o filho ao pai, a filha à mãe, o homem a si mesmo. Jesus Cristo foi quem primeiro puxou da espada contra os Fariseus, os sensuais, os hipócritas, atirando-a no meio do mundo. Os cristãos devem agarrá-la e um pedaço basta. É uma espada toda embebida no Sangue de Jesus Cristo e no fogo celeste. O Reino dos Céus sofre violência e só os violentos o arrebatarão: *"rapiunt illud"*. Jesus Cristo quer para sua morada homens impetuosos, sem misericórdia, escaladores, capazes de tudo; que empreendem e sustentam, por seu nome, uma guerra de morte, que odeiam pai, mãe e próximo — falo do pecado, e não das pessoas. Guerra contra si e contra os sete pecados capitais em si ou, o que dá no mesmo, guerra contra as três concupiscências. É preciso cortar até alcançar o coração, a raiz, sem nunca acabar.

Ah! tal combate é violento. É um recomeçar contínuo em que a vitória da véspera não garante a do dia imediato, quem vence hoje, talvez amanhã seja vencido. O repouso leva à derrota e só quem está sempre a combater sairá vencedor. O Céu será escalado, tomado de assalto. Se a vida de muitos está em contradição contínua com suas palavras, é porque, vendo o bem a fazer, não têm coragem de aceitar o combate. São dominados pelas suas paixões. Herodes ouve com prazer a João Batista discorrer sobre o Reino de Deus em geral, mas quando o Precursor lhe ataca a paixão impura, Herodes, enfurecido, tudo esquece, e fá-lo morrer.

Há no mundo muitas vocações religiosas, mas aguardam golpe decisivo. E falta a coragem para tanto. É que este golpe é ainda mais penoso do que aquele que garante a vitória final. A nossa natureza é fundamentalmente covarde. A base de todos os vícios é a covardia. E não é o orgulhoso, que quer tudo dominar, ainda o mais covarde de todos? Preso pelas cadeias sem as poder sacudir, quer aparentar liberdade e chega a ufanar-se da própria escravidão!

É o combate — e combate mui rude — que a piedade no mundo tem de sustentar. Mas as ocasiões de mérito e de vitória são tão numerosas que, se tivéssemos coragem para combater generosamente e sem fraquejar, o mundo seria povoado por Santos! Mas falta coragem!

Na vida religiosa, o combate trava-se contra as paixões. O mundo perverso insinua-se não pouco no claustro. O ar vo-lo traz; vossos olhos e sentidos vo-lo fazem sentir. Dizem que os maus cheiram instintivamente os maus. Os bons também os cheiram, mas pelo seu lado fraco e então se estabelece sem demora a corrente.

2.º - Além dessa força brutal, uma força de paciência se faz mister. Quer estejamos entregues à vida de piedade no mundo, quer tenhamos abraçado a vida religiosa, já demos o golpe decisivo com a espada de Jesus Cristo. Cantemos, uma vez passado o mar Vermelho, um cântico de vitória. O atravessar, porém, do deserto requer ainda certa paciência e os Judeus, por terem faltado a essa força de paciência, revoltaram-se contra o próprio Deus.

Pois bem, notai que a verdadeira força não é aquela que dá um golpe profundo para depois descansar, mas sim aquela que se defende dia-a-dia e combate sem tréguas. Essa força é a própria humildade que não desanima nem se rende. Por ser fraca, cai, mas mirando o Céu, pede socorro a Deus. Então torna-se forte, da mesma Força divina. A tartaruga, de que nos fala a fábula, chegou antes do coelho. O homem generoso, que trabalha diariamente sem descansar, alcançará seu fim com mais rapidez, embora oprimido por paixões e defeitos maiores do que aquele que, mais rico em virtudes e com poucos vícios, no entanto descansa ao trabalhar. Os que dormem tranqüilos, desprezando os combates insignificantes de cada dia e aguardando, para dar combate, as grandes ocasiões, serão derrotados. Assim também uma vocação que desabrocha, se esgotará já nos primeiros dias se não se firmar na paciência. Quer tudo apressar e se desembaraçar logo de tudo. Ah! embora não o queira admitir, esse zelo intenso não passa de impaciência que corrói tudo quanto empreende. É a preguiça que quer acabar para descansar, tentação comum dos dirigentes e que nasce do orgulho e da indolência. Querendo ver-nos livres daquilo que já está mentalmente tratado e resolvido, respondemos com impaciência ao sermos consultados ou interrogados. Já sabemos o que nos vão dizer, e se embora quem nos consulte precisa ou não de luz, isto pouco importa. Vemo-nos a nós mesmos e não procuramos ver a necessidade do próximo. Mera impaciência. O homem paciente, pelo contrário, vê o inimigo, considera-o e responde com precisão, sem alegar pressa. Sabendo onde deve tocar, espera a Graça e dá-lhe tempo para penetrar.

Tal a força de paciência, de que todos necessitamos para a batalha, que há de durar enquanto durar a vida. E sem ela, que seria da esperança e da doçura no serviço de Deus? As inúmeras graças que nos foram concedidas, só serão fecundadas pela paciência. Então produzirão frutos em abundância. Se um ato de paciência é coisa relativamente fácil, o estar sempre forte e paciente, no correr da luta incessante e vitalícia, é coisa árdua.

Ora, Nosso Senhor pede-nos a nossa fidelidade, os nossos sacrifícios, e nada mais. Deus faz-nos sempre começar tudo de novo, enquanto nos desfaz o trabalho. É um recomeçar contínuo, pois nada é bastante perfeito para Ele.

O importante é conservarmos a paciência que nos levará ao nosso fim. O santo homem Jó vê-se privado de tudo, mas fica-lhe a resignação, penhor de sua recompensa futura nas palavras do Senhor, que lança um olhar de admiração: "Ele não se alterou". *"In omnibus his non peccavit Job labiis suis, neque stultum quid contra Deum locutus est."*

Nas lutas de todo momento, nas derrotas múltiplas, a alma exclama: "Isso não vai nem jamais irá para diante!" Então surge a impaciência, o desânimo. É quanto basta para satisfazer os desejos do demônio. Examinai-vos e vereis que a quase totalidade dos pecados que cometeis provêm de uma mesma fonte — falo dos pecados interiores. E se a falta de êxito abate, nossa tentação é deixar tudo. — Isto, porém, não é possível.

A paciência é a humildade do amor de Deus. Eu nada posso por mim, mas posso tudo naquele que me fortifica. Eu nada — a Graça em mim tudo! É preciso tomar o tempo necessário e enterrar-se para crescer. Cuidado, pois, e muito, com o desânimo, fonte em geral das vossas culpas.

É preciso também ser paciente para com Deus e mais paciente ainda para com Ele do que para consigo mesmo. Lê-se no Evangelho que a árvore, rica em frutos, será podada para dá-los em maior abundância. Será desbastada e aparentemente prejudicada. Ora, o religioso, o santo será podado por Deus pelas tentações. Se julgarmos que tudo vai bem, paramos — é lógico. Mas Deus repete-nos a todo o momento: "Mais ainda! adiante sempre!" É-nos tão agradável ouvir dizer que amamos a Deus! É-nos sobretudo tão agradável que Deus no-lo diga e no-lo faça sentir. Mas Ele não quer!

Quando estamos satisfeitos, quando pensamos ter a aprovação de Deus, nada receamos; mas quando Deus se oculta, quando cremos não lhe merecer o Amor e que Ele nos abandonou ou nos é contrário, ah! então deixamos tudo. Esvai-se a devoção. Julgamo-nos já condenados, e isto nos apavora. Se Deus assim procede, é porque estragamos tudo o que tocamos. Se Ele nos disser algo de bom, achamos logo que o merecemos e apropriamo-lo. É uma simples animação para nossa fraqueza e acreditamos que seja a justa expressão do nosso mérito. Então fitamos os olhos em nós mesmos e, fazendo da nossa pessoa nosso próprio fim, caminhamos para nossa ruína.

Deus, que nos ama com amor esclarecido, não nos pode ajudar nisto. Tira-nos a paz e lança-nos no combate para obrigar-nos a trabalhar. É chegado então o momento da força e da paciência, porque as provações enviadas por Deus, diretamente, são mais dolorosas do que as que nos vêm das criaturas. É preciso armar-se de paciência contra Ele. "Nada posso, ó meu Deus, mas esperarei em vós, ainda que me mateis." *"Etiam si occiderit me, in ipso sperabo!"* É deveras necessário que Deus nos mate o homem velho para que o homem espiritual possa viver e se comunicar livremente com Deus.

Coragem! Meditemos nisto tudo, porque as provações não hão de faltar. A vós cabe aguardar a hora de Deus. Deixai amadurecer as Graças, tende paciência: é ela que faz os Santos.

A mortificação, sinal do espírito de Jesus

"Semper mortificationem Jesu in corpore nostro circumferentes, ut et vita Jesu manifestetur in carne nostra mortali."

"Tragamos sempre no corpo a mortificação de Jesus, para que sua Vida se manifeste em nossa carne mortal." (2Cor 4,10)

Nosso Senhor baixou à terra para nos sarar e nos comunicar uma vida mais abundante. Doentes por natureza, trazendo em nós o gérmen de todos os males espirituais, não necessitamos do demônio, para cair no pecado, pois temos, por nós mesmos, o poder de nos danar. Se, na verdade, o demônio por vezes nos tenta, nos tentará muito mais por nós mesmos. Os nossos inimigos internos são coniventes com Satanás, que tem inteligências na praça e onde encontra eco. Se, devido ao pecado original, temos tendências más, que se fazem sentir com força maior ou menor segundo o grau de pureza e de força, as tentações todavia não dependerão sempre, e de modo absoluto, de nós mesmos.

Devemos acrescentar a essas tentações, em parte suscitadas por nós mesmos, as que nascem das circunstâncias em que nos encontramos, as que provêm do demônio e também, por vezes, as que resultam de uma licença positiva de Deus. Já que não podemos nos livrar inteiramente da tentação, devemos tratar de nos curar e de viver de uma vida superabundante que nos torne aptos a resistir e combater sem nos esgotarmos. O grande mal consiste em estar tranqüilo e seguro de si, e quem disser: Estou perdoado e vivo, não tardará em cair.

Ora, para sarar e viver realmente, é mister revestir-se do Espírito de Nosso Senhor e viver do seu Amor. O amor faz a vida, enquanto o espírito se torna a lei dos atos e dos sentimentos. E esse espírito é a mortificação, quer de penitência, quer de amor, e tudo o mais não passa de mentira ou de lisonja. Percorrei a Vida de Nosso Senhor e cada página vos falará de mortificação — mortificação dos membros, privações, penas interiores, abandonos, contradições. A penitência é a essência da Vida de Nosso Senhor e, por conseguinte, de todo o Cristianismo. Amar é bom, mas a prova do amor está no sacrifício e no sofrimento.

I

A mortificação nos curará o corpo doente, que acarreta todas as moléstias e que, profundamente ferido, não goza mais de sua força primitiva. Cada um dos seus movimentos é um passo a caminho da morte e da decomposição, e o próprio sangue é corrupto.

E como restituir saúde e força a essa podridão? Pela sobriedade, no dizer dos antigos. Pela mortificação, no dizer do Evangelho, e aí está a vida do corpo. Aqueles que, sem Fé, querem prolongar a vida, são sóbrios por raciocínio. Não teremos nós a coragem de fazer pela Fé e pela Graça o que outros fazem por amor à vida? Que covardia!

Mesmo quem leva vida sóbria, por estado como o religioso, pode sempre unir o espírito de penitência aos seus parcos alimentos. E aconselho isto a todos, pois, além de não estarmos isentos das culpas diárias, temos ainda de reparar pelos nossos irmãos. Saibamos, pois, mortificar-nos, não tanto na quantidade como na qualidade e no sabor. Não estamos livres das tentações de gula e se não soubéssemos encontrar ocasiões de nos mortificar, não teríamos o espírito de penitência, portanto não teríamos o de Nosso Senhor.

Nosso corpo, minado pela febre — não é um inimigo tão fraco — comunica o mal à nossa alma. Impõe-se, por conseguinte, para cortá-la, um remédio antifebril. E o verdadeiro quinino é a mortificação que, acalmando nossos humores, lhes regulariza os movimentos. O corpo só será domado à força. Opõe resistência, é verdade, mas acabará por ser atado. Quanto à alma, está infelizmente entregue ao corpo e atraída pelos seus apetites sensuais. São os objetos exteriores que sobretudo prejudicam a alma, e é pelo corpo que entra em contato com eles. As distrações, inimigas de toda paz e de toda reflexão, nascem unicamente do que nos foi dado ver. Quanto à imaginação, órgão corporal, não passa de um pintor mísero e perigoso. Quanto mais santo for aquilo a que nos entregamos, tanto mais abomináveis serão as imagens com que esse traidor, vendido a Satanás, nos tenta. E se a imaginação trabalha menos em casa do que em Presença de Deus, é porque o espírito, menos recolhido então, não se esforça tanto para dominar os sentidos. Há muita gente que se queixa — e não sem razão — de que logo que começam a orar, surge a tentação. É a natureza perversa que combate nessas horas solenes com tenacidade maior, a fim de conservar seu império.

Urge, portanto, velar sobre os sentidos exteriores, já que nenhum pensamento ou imagem há de perdurar no espírito se não provier do olhar lançado num objeto indecoroso. Mas se os olhos se agradarem desse objeto, a imaginação o reproduzirá até que sua lembrança se apague por completo — o que levará meses, até anos. Não perturbava a São Jerônimo a lembrança das festas pagãs de Roma, depois de longo tempo passado na mais austera penitência?

Quem não souber governar os olhos, jamais saberá governar os pensamentos. A alma, a sós, dificilmente será tentada, embora possua em si o foco do pecado original, porque o mal se insinua pelos sentidos, que encontram no corpo um sócio dócil. Na criancinha, ainda não atacada pelas nossas tentações, por estarem seus sentidos fechados ao mal, temos prova disto.

Que nos compete fazer? Ver sem olhar, olhar sem ver, e caso venha a se gravar na memória algo de prejudicial, tratar de apagá-lo pelo esquecimento completo. Embora o coração seja bom, os sentidos amoldam-no à vontade. O menino, que vê sem compreender, se vier a fitar os olhos numa imagem indecente, sentirá mais tarde ao se despertarem suas lembranças a perturbação provocada pelos seus maus olhares passados. Fechemos olhos e ouvidos com espinhos cujas pontas agudas, tornando-se sensíveis, nos impedirão posteriormente de sentir as chamas da fornalha impura. Então as tentações só servirão para nos purificar. O coração do homem acompanha seu pensamento; se pertencemos a Deus, ou ao mundo pelo espírito — e este saca da imaginação matéria para todos os seus conceitos —, o coração amará ou a Deus ou ao mundo.

Essa mortificação, que visa evitar o pecado, já é alguma coisa; a justiça e nossa própria salvação a exigem, mas descansar nela com segurança equivale a preparar-se uma derrota. Nossa promessa, porém, vai mais longe e almeja a mortificação de Nosso Senhor. Devemos, pois, mortificar-nos, primeiro, para agradar-lhe, embora nos faltasse todo e qualquer motivo de justiça e, segundo, porque Ele mesmo se mortificou para agradar ao Pai. É a mortificação positiva que deve inspirar toda a vida, tornar-se a lei da vida. Qualquer virtude que procurardes em Nosso Senhor, estará impregnada de paciência. E se não tiverdes coragem para tanto equivale a abandonar o coração mesmo da virtude, o que lhe constitui toda a força. Procurar tornar-vos humilde, recolhido, ou piedoso sem mortificação, é mera perda de tempo. Deus permite que toda virtude seja custosa e se hoje o sacrifício não é muito sensível, é porque Deus vos quer atrair pela doçura, qual criança. Mas amanhã já não será assim, porque pertence à natureza da Graça cruciar. Não sofreis por acaso? É que não ides buscar vossas Graças no Calvário, onde se encontra a fonte única e verdadeira de toda Graça. O amor de Deus não é senão sacrifício. E quão longe nos leva isto! Mortificar os sentidos é alguma coisa, mas mortificar-se interiormente é o coração do espírito de penitência de Jesus em nós.

II

Ah! nossa coroa seria muito pobre se devesse consistir unicamente em sacrifícios exteriores, pois a vida é tão curta! A alma, porém, trabalha com atividade muito superior ao corpo, e Deus, querendo fazer-nos adquirir imensas somas de méritos, a fim de nos coroar numa glória maior, proporciona-nos um meio de nos sacrificar em cada pensamento, em cada afeto. É um fluxo perpétuo a Deus, e se fôssemos fiéis à sua inspiração e ao seu chamado, verificaríamos que os sacrifícios que nos pede são de um número infinito, variando a todo o momento. Não nos pede para traduzir em atos exteriores todas as inspirações, mas sim que as aceitemos na vontade, prontos a pô-las em prática, se for preciso. Isto requer que não nos apeguemos a um estado de alma de preferência a outro, mas que coloquemos nossa vontade na de Deus, não desejando senão o que Ele quer e tudo quanto quer.

Quem goza, quisera estar sempre a gozar. Tal, porém, não é o plano divino. É preciso saber pôr de lado o gozo para carregar a cruz. Lembremo-nos da lição do Tabor. Muitas almas desejam servir a Deus unicamente para fruir da felicidade ligada ao seu serviço e, se não passarem o tempo todo da adoração no gozo, se queixarão, alegando que não sabem rezar. Erro, sensualismo, e nada mais. E o grande erro das almas piedosas é serem sensuais em Deus. Quando Ele vos proporciona a alegria, é justo aproveitar-vos dela, mas sem apego, e quando se mostrar áspero convém humilhar-vos, mas sem desânimo. A máxima de amar a Deus mais do que aos seus dons vos deverá servir de regra e dirigir toda a conduta. Quando São Paulo, cansado de viver pelas tentações infernais que o assaltavam, pede a Deus que delas o livre, o Senhor lhe responde: "Basta-te a minha Graça. A virtude se aperfeiçoa na fraqueza". Estas palavras, consolando e fortificando o Apóstolo, o levarão a exclamar mais tarde: "Eu superabundo de alegria por entre as tribulações que me cercam por todos os lados".

A alegria duradoura encontra-se, portanto, na tribulação e na mortificação interior, e não nas consolações, embora espirituais. Só a alma penitente, reza a lei, gozará de Deus. Ora, a alma que lhe é submissa em tudo, submete o corpo — único meio de que dispõe para alcançar a paz. Mal se acaba de praticar um ato de penitência ou um sacrifício, e logo a paz vem inundar o coração. É que Deus mede a nossa mortificação.

A mortificação de penitência e de justiça pelo pecado cometido restitui a paz à consciência — é o efeito da Justiça Divina aplacada; mas a mortificação de penitência e de amor transmitem a alegria, a paz divina, a suavidade, a unção, algo que transporta ou arrasta a alma fora de si, até espiritualizar o próprio corpo. Então a alma vai a Deus pelo êxtase, ao exemplo dos santos, esquecida de que está ligada ao corpo. Fazei a experiência do que vos digo, a saber, que a paz da alma se mede à mortificação. Se conseguirdes praticar a virtude no gozo e pelo gozo, então podereis dizer que eu menti! Vede os Mártires que se regozijavam, entoando cânticos de alegria por entre os mais cruéis tormentos. Não sentiam, por acaso, a dor? Ah! sentiam-na, mas o fogo do seu amor interior cobria as chamas que lhes consumiam o corpo.

Lembremo-nos de que o verdadeiro caminho que leva à santidade é o da penitência. Deus pede-nos que nos despojemos de tudo, para então nos saciar: *"Dilata cor tuum et implebo illud"*. Ora, o amor-próprio é o concentrar-nos em nós mesmos, é a plenitude de nós mesmos. A santidade é apenas um negócio de mortificação.

Mas quão custosa é! É na verdade, mas a paz só resulta da guerra à natureza. Se Deus no-la desse de outra forma, lançar-nos-ia na ilusão. Ele, porém, no-la dará quando o espírito de penitência nos tiver fortificado um pouco mais. Então amaremos mais a Deus do que aos seus dons.

Aceitemos o caminho traçado por Deus. Nosso Senhor deseja chegar-se a nós pelo seu verdadeiro espírito, isto é, pela mortificação. Apresenta-se a todo o momento, esperando com divinal paciência. Mas, se não encontrar lugar, porque tudo está cheio e as portas estão fechadas, Ele se afastará. Nada pode fazer porque estamos cheios de nós mesmos e tão sensuais na vida exterior e espiritual.

A vida da natureza e a vida da Graça

"Hoc sentite in vobis quod et in Christo Jesu."

"Inspirai-vos nos mesmos sentimentos de Cristo Jesus." (Fl 2,5)

A vida de amor é a vida de Jesus em nós, e seu grande inimigo é o amor-próprio. Temos, pois, em nós duas vidas — a natural e a sobrenatural. Se quisermos pertencer a Nosso Senhor, esta deverá triunfar, e aquela ser vencida, mudada e transformada numa Vida divina, na vida de Fé que anima o justo: *"Justus meus ex fide vivit"*. Vejamos agora o que é a vida natural para depois compará-la à Vida de Jesus em nós e veremos a necessidade em que estamos de viver com Ele para dele viver.

I

O espírito próprio, pessoal, é a lei da vida natural, cuja divisa é *Tudo para mim!* Os meios de que dispõe são os que lhe fornece a sabedoria humana; suas luzes, as da razão natural; seu fim, tudo para mim, tudo pelo presente.

A lei da Vida sobrenatural é, pelo contrário, o espírito de Fé. Os meios que emprega são a Graça e a Lei de Jesus Cristo; seu fim, a Glória de Deus. É o que dizia Santo Agostinho: "A cidade do mundo, começando pelo amor a si vai até o ódio a Deus, e a Cidade de Deus, começando pelo amor a Deus, vai até o ódio a si mesmo".

A vida natural desliza na piedade, no claustro, por toda a parte. Seus sinais característicos são os seguintes:

1.º - Naturaliza, tanto quanto pode, as ações sobrenaturais, que, começadas para Deus, terminam em nós mesmos. Nosso olhar vesgueou-se, nossa intenção viciou-se e nossas ações não estão nem completas nem acabadas aos olhos de Deus. *"Non invenio opera tua plena."* A diferença entre duas ações está na intenção que as rege; feitas para Deus, tornam-se santas, divinas; feitas para nós, são inúteis para o Céu e caem conosco.

2.º - Naturaliza as virtudes cristãs e religiosas. Podemos nos exercer na prática de qualquer virtude moral sem que nenhuma valha perante Deus, como no-lo prova a experiência. A falta do sobrenatural, desgraçadamente, vicia nossas virtudes, tornando-as estéreis. Por não estarem unidas à Videira Divina e não lhe receber a Seiva, nada lucram para a Eternidade.

3.º - Naturaliza as Graças de piedade e de vocação, quando só procuramos a honra, a doçura, a glória e lhe recusamos o sacrifício que envolvem e exigem.

4.º - Naturaliza o amor de Jesus Cristo, quando o amamos por nós, naquilo que nos lisonjeia, nos glorifica, e não naquilo que nos humilha e nos conserva na penumbra, ou quando nos amamos a nós mesmos em Jesus Cristo.

5.º - Naturaliza a mesma Comunhão, pois em vez de procurarmos nesse Pão celeste a força e a virtude que contém, só lhe queremos saborear a doçura, o repouso, o gozo.

"Natura callida est... et se semper pro fine habet." A natureza astuciosa não se procura senão a si mesma. E quão horrível é este poder que temos de diminuir e rebaixar de tal forma os dons de Deus, e de tornar suas Graças sobrenaturais e divinas, naturais, inúteis ou pouco fecundas.

Mas como reconhecer que levamos vida natural? Pelos seus princípios, pelos seus motivos determinantes. Para quem e para que trabalhamos? Confesso, porém, que isto oferece certa dificuldade. *"Natura callida est."* O amor-próprio é astucioso e oculta seu jogo. Vela-se, disfarça-se, procura aparências agradáveis mostrando-nos tão-somente o lado bom — há sempre um bom e um mau —, daquilo que faz. *"Passione interdum movemur et zelum putamus."* E julgamos ser levados pelo zelo puro e desinteressado quando é a paixão do amor-próprio que nos move.

É próprio da natureza procurar satisfazer-se em tudo o que faz e tender sempre ao gozo. Por este sinal a conhecereis, como também pelo fim que se propõe. Quer repousar, não depender de ninguém e só faz com gosto aquilo que é do seu agrado. Quanto ao mais, fá-lo apressadamente, para ver-se livre da tarefa.

O Santo, o homem sobrenatural, é austero no seu dever, e nem sempre simpático. A luta interna e constante torna-o duro para consigo mesmo e algumas vezes para com o próximo. Quanto ao cristão que naturalizou suas virtudes, e delas goza, será amável, honesto, obsequioso, procurando somente aquilo que o torna agradável aos outros.

O natural, eis aí vosso inimigo. É um ladrão. É uma Dalila, é um Satanás. Encontra meio de humanizar uma Vida Divina, naturalizar uma vida de Fé, substituir o amor-próprio ao amor celeste e trocar o Céu pela terra.

II

Devemos, portanto, revestir-nos da Vida sobrenatural de Jesus no julgamento, na ação, no afeto e em todos os estados da alma.

1.º - Os pensamentos do homem natural são inspirados e ordenados pelo *eu*, porque o pensamento natural procede do amor-próprio, que procura sempre satisfazer suas paixões.

O homem sobrenatural, pelo contrário, pensa em Deus, perguntando-se: "Que pensará Jesus Cristo disto ou daquilo?", regulando seu pensar no do seu divino Mestre e na Graça de Deus. Um instinto divino lhe permite discernir os pensamentos naturais e terrestres, penetrá-los e frustrá-los. Se, por acaso, neles se demorar, certo pesar e certa desordem interiores lhe dirão que deve erguer seu coração ao alto. *"Quæ sursum sunt sapite."*

2.º - O julgamento do homem natural é inspirado pelos seus interesses, pelo amor-próprio, pelo bem-estar e pela sensualidade. Afasta ou repele tudo o que lhe custa, ou então mostra-se indiferente.

O homem espiritual, porém, guia-se por Jesus Cristo, pela sua palavra, quando expressa, ou pelos exemplos que nos legou. E, se essas duas vozes se calam, consulta a Graça do momento. *"Sicut audio judico."* "Como me dita meu Pai, assim julgo Eu", dizia Nosso Senhor. Tal a regra do julgar do homem sobrenatural, cujo juízo será sempre bom, porque Jesus Cristo é sua luz e ele só procura glorificar e servir a Deus em tudo. *"Et judicium meum justum est, quia non quœro voluntatem meam, sed voluntatem ejus qui misit me."*

3.º - A conduta do homem natural é inspirada por aquilo que lhe é simpático. "Que lucro tirarei disto ou daquilo?" — perguntar-se-á. Gozar do presente, e gozar mesmo enquanto trabalha, é toda a sua ambição.

Quanto ao homem sobrenatural, tudo o que faz, fá-lo para Deus, e não para si. Não se limitando ao ato em si, considera ao seu Criador. Prendendo-se unicamente ao fim superior e divino que lhe inspira a ação, nesta não permanece, mas visa ao fim daquilo que faz, isto é, Deus. Assim goza sempre de liberdade nos seus atos. Fazer ou não fazer depende da Vontade Divina do momento, que lhe dirá o que melhor convém. Entregue unicamente a Deus, encontra-o em tudo, possuindo ainda o instinto de saber o que lhe agrada. Entre duas coisas aparentemente diferentes, podendo escolher, discerne logo a mais agradável a Deus.

4.º - Finalmente, o homem natural apega-se servilmente aos estados interiores que lhe agradam. Achando paz na oração, não a quererá largar, embora para cumprir com o preceito da obediência ou da caridade. Seguirá o mesmo critério em se tratando dos outros estados da alma ou da vida em que se encontrar, afastando, para conservar-se em repouso, tudo o que for contrário ao seu bem natural. Por mais que se esforce, a luta todavia sempre o perseguirá, porque Deus não lhe deixará gozar pacificamente do seu fim natural.

O homem sobrenatural, porém, contenta-se com todo e qualquer estado em que Deus o colocou, deles se aproveitando. Em todos sabe encontrar a Graça de Deus, sua Virtude, sua Glória. Vive, numa palavra, de Jesus Cristo, que lhe serve de meio divino.

III

Demais, e é melhor, ele vive com Cristo, em Jesus Cristo, formando com Ele sociedade de vida, sociedade perfeita que reúne todas as formalidades exigidas por qualquer corpo social que se presa.

1.º - *A honradez dos sócios*. Jesus Cristo é de certo digno de honra, digamos melhor, de adoração. Mas quanto a nós, quais são os nossos títulos? Contentando-se com o estado de Graça, enquanto formos puros e delicados, Jesus Cristo será tudo para nós. Por esse estado de Graça, que nos torna filhos de Deus e templos do Espírito Santo, unimo-nos a Ele qual membro seu. Então, poderá trabalhar livremente em nós e nos fazer trabalhar na sua grande obra, como membros próprios. Mas se o pecado mortal nos viesse a manchar, que desgraça seria! A sociedade se romperia por falta de honradez; e Jesus não poderia mais se associar conosco.

O pecado venial enfraquece essa sociedade, tornando-a imperfeita e lânguida, mas não a rompe de todo. Constrange Jesus Cristo e diminui o laço da mútua união. Ah! conservemo-nos sempre puros, e que essa pureza se estenda às faltas veniais — coisa fácil porque podemos, por nós mesmos, purificar-nos por atos de amor ou pelo emprego dos sacramentos. Quanto maior a pureza, maior também a honradez e mais íntimos os laços de sociedade com Jesus, pois o grau de pureza constitui o grau de união a Nosso Senhor.

2.º - *As quotas pagas pelos sócios* que constituem os *fundos sociais*. Ora, Jesus Cristo traz-nos tudo o que tem, tudo o que é, todos os tesouros de Graça e de Glória, numa palavra, traz-nos Deus.

Nós também devemos trazer tudo o que recebemos no Batismo, todas as riquezas de graças santificantes, todos os dons gratuitos e soberbos que nos concedeu o Espírito Santo ao apossar-se da nossa alma, além de tudo o que já adquirimos no domínio das ciências, das virtudes, dos méritos. Tudo, enfim!

Mas a garantia de duração da nossa sociedade está em nunca tocarmos nem no capital nem nos lucros até sua dissolução; isto é, até a morte. Nunca deveremos retomar coisa alguma — e este ponto merece-nos um exame freqüente. Alguns dão mais, outros menos. O religioso dá sua liberdade, desiste da posse de qualquer bem temporal e, finalmente, renuncia a amar criatura alguma, mesmo por Deus. Grande será seu lucro. Quanto a nós, não retiremos nunca nada do que tivermos trazido, nem mesmo por partes.

3.º - Finalmente o *concurso dedicado* e *desinteressado* que cada sócio deve à sociedade. Damos nosso trabalho, nosso esforço. Jesus Cristo também trabalha em nós e por nós, dirige-nos, sustenta-nos. Sem Ele nada poderíamos fazer. Que nossa assiduidade e aplicação no zelo pela obra comum e pela Glória do seu Pai se assemelhem à sua. Se nunca nos encontrar em falta, Ele nunca nos faltará. Descrevendo sua Ação em nós, chama-se a Seiva da Videira, dando a cada um de nós, que lhe formamos os ramos, vigor e fecundidade, e assegurando-nos ainda que, se quisermos formar sociedade com Ele, tudo quanto quisermos, ou pedirmos ao Pai, Ele, Jesus, no-lo concederá. *"Quodcumque petieritis Patrem in nomine meo, hoc faciam, ut glorificetur Pater in Filio"* (Jo 14,13).

Pede-nos, enfim, e instantemente que permaneçamos no seu Amor, como Ele permanece no Amor do Pai, onde opera tudo quanto lhe vê fazer. Permanecer no seu Amor é, portanto, participar do seu Poder de operação, é trabalhar por Ele e nele. De que não seremos então capazes? *"Omnia possum in eo qui me confortat."* Podemos tudo nesse centro divino que nos comunicará seu Poder Infinito.

Regras práticas da Vida sobrenatural

"In via vitae non progredi, regredi est."

"No caminho da vida, não progredir é retroceder."

I

É lei, na ordem da natureza, que a vida se manifeste pelo movimento, e isto já se tornou máxima. E para definir a matéria inerte e sem vida, o reino mineral, por exemplo, dizemos que isto ou aquilo não tem movimento. Tudo o que tem vida tem, por conseguinte, movimento. As plantas, as árvores movem-se continuamente pela ascensão e expansão. As próprias águas, sem vida no entanto, se ficassem paradas, tornar-se-iam pântanos infectos; o fogo, tampouco, se poderia alastrar sem a corrente de ar que lhe eleva as chamas.

O mesmo se dá na ordem intelectual. Quem não estuda mais, nem leva cada dia, num fluxo e refluxo constante, sua inteligência aos conhecimentos a adquirir e os adquiridos à inteligência, se tornará em breve ignorante. A memória só se fortalece no exercício, como foi dito sagazmente há muito tempo.

Não se dará o mesmo também na ordem sobrenatural? Sim, certamente, porque Deus é um e todas as leis gerais que estabeleceu obedecem a uma mesma marcha e apresentam os mesmos caracteres. Se sofrem modificações, é somente para acompanhar a ordem de operação que lhes é própria. O distintivo da vossa vida sobrenatural será, portanto, o movimento para a frente, o progresso.

E esse progresso deve tender à perfeição. E como nunca a poderemos alcançar neste mundo, nosso esforço jamais deverá cessar. As instruções que nos legou Jesus Cristo, relativas à perfeição, mostram que o progresso, a marcha para a frente se impõe. Não no-lo atestam suas palavras: "Vinde e segue-me, andando enquanto vos for dada a luz"? E, na Lei antiga, as de Jeová a Abraão: "Anda em minha Presença e serás perfeito"?

Nossa marcha espiritual visa, portanto, à Perfeição de Jesus Cristo, cópia cabal e acabada da Perfeição do próprio Deus. "Sede perfeitos como vosso Pai celeste é perfeito." Como é impossível jamais atingir-lhe a consumação, devemos caminhar sempre sem nunca julgarmos ter alcançado o fim, dando por finda a nossa tarefa.

Ora, na observância da Lei e dos Conselhos encontramos os meios de perfeição propostos por Jesus Cristo. Se a Lei obriga a todos, os Conselhos obrigam aos religiosos por dever de vocação.

Mas não deverão também as pessoas do mundo visar à pratica dos Conselhos? Na verdade não estão obrigadas a isto de modo absoluto, mas se não o quiserem fazer, deixando-se guiar só pela Lei, encontrarão um sério perigo. Nada há que censurar a quem se contentar com o estrito necessário, pois o pecado provém só da infração dessa Lei e de nada mais. E os Conselhos, não estabelecendo lei, como indica seu nome, não poderiam obrigar sob pena de pecado. Até aí, muito bem. Mas eis agora que ameaça uma horrível tempestade. O demônio arremessa contra a alma todos os seus exércitos, as tentações multiplicam-se, tornando-se imperiosas. Quanto tempo poderá vossa alma sustentar, protegida pela simples Lei, tal sítio? Pouco tempo. A primeira fenda a se abrir, dando vantagem decisiva ao inimigo, provocará a rendição da praça. Mas se vos cercassem às tríplices barreiras da devoção, da oração habitual e da lei, teríeis tempo de recorrer a Nosso Senhor, implorando o seu socorro: *"Domine salva nos, perimus!"*

Quanto ao religioso, está preso aos Conselhos evangélicos pelos votos e pela regra que os refletem. Mas nem na regra encontrará toda a perfeição possível. Se se limitar à letra e não procurar embeber-se do espírito, se não procurar a todo momento imprimir-lhe toda a perfeição que contém implicitamente, isto é, a Perfeição mesma de Nosso Senhor, acontecer-lhe-á uma desgraça análoga àquela que anunciei às pessoas piedosas que vivem no mundo e não querem passar dos limites da Lei. Será um cadáver de religioso e nada mais!

Não devemos nunca, por conseguinte, contentarmo-nos com o que temos, seja qual for a condição em que nos encontramos, mas procurar sempre progredir, pois o cessar do progresso seria indício de uma decadência certa e sinal de uma morte próxima. O dardo, quando acaba de se elevar, baixa infalivelmente e vem cair na poeira.

Essa doutrina talvez vos amedronte. "Se não caminho, é que estou morto. Mas ignoro se caminho; como hei de saber?" Dar-vos-ei alguns sinais que vos poderão auxiliar.

II

Já determinastes o quinhão do campo da perfeição que vos compete capinar? Já fixastes exatamente o defeito a combater, a virtude a adquirir? A resposta afirmativa, indica que progredis. Se, logo que acabais um lado, retomais o outro, é outro sinal certo de progresso, e estou tranqüilo quanto a vossa sorte. Sirva-nos de prova o fato de que, nos tempos de fervor, sabemos dizer: "Ah! tal virtude me falta evidentemente e tal vício me prejudica como a sarça ao campo". E logo, pondo mãos à obra, começamos a tarefa de extirpação, labutando enquanto na tivermos assegurado o triunfo. A experiência, conforme verificareis se consultardes vossa vida, fornece-vos provas cabais disto.

Mas se, pelo contrário, não procuramos nenhuma virtude determinada, preferindo conservar-nos numa disposição de união geral a Nosso Senhor, porque não sentimos a necessidade de fixar a prática desta ou daquela virtude, contentando-nos com exercê-las todas à medida que se apresentarem, então falamos a linguagem da indolência, pois a ocasião, ao nosso ver, nunca há de chegar.

Ah! tal o nosso modo de falar quando reina tibieza e não temos coragem de lhe infligir um rude golpe.

"Amo muito a Deus." Se permanecerdes nessa disposição vaga, sois indolente e nada mais, e vossos bons sentimentos, essas aspirações indefinidas, serão causa de vossa ruína. São os desejos que levam o preguiçoso a se danar e o inferno está calçado de boas intenções não executadas por mera covardia, flores de outono que não deram frutos porque o calor vivificante do sol de amor lhes veio a faltar. Mas tal conduta, sobre ser covarde, não passa, na verdade, de uma zombaria. Não se pesca a perfeição lançando a rede. Pelo contrário, é antes uma mina que só forma, de longe em longe, um fio delgado e isto depois de ter sido a terra longa e profundamente cavada.

Que pensaríeis do filho que protesta à mãe todo o seu amor, mas cuja conduta e falta de diligência em lhe satisfazer os desejos dão provas em contrário? É que não a ama realmente, ou só o faz por interesse pessoal. Não passa então de um egoísta. Quantas almas iludidas neste ponto! "Amo a Deus e quero fazer tudo quanto me pedir" — sim, conquanto nada vos peça, é vosso pensamento íntimo que não ousais sequer confessar. Quando uma alma, que outrora observava cuidadosamente suas boas resoluções, vem a cair na tibieza, encontra-se precisamente nesse estado vago e indefinível. Apoiando-se nas resoluções passadas, não se esforça em renovar as antigas nem formar novas para as necessidades que surgem, conservando-se na disposição indecisa de fazer conforme a ocasião que se apresentar. Tal hora nunca chega, porém. Mirai-vos interiormente, lembrai-vos dos dias de tibieza e verificareis pessoalmente toda a verdade que acabo de exprimir.

São Bernardo dizia aos seus religiosos: *"Non est perfectum nisi particulare"*. Só se alcança a perfeição particularizando, ponto por ponto. E todos os seus filhos, no entanto, gozavam do pleno fervor de uma reforma recente. Bem sabia o grande Santo que, depois do fervor nos ter levado a combater determinado inimigo, a tibieza, pretextando combater a todos de uma vez, leva-nos positivamente, e à revelia nossa, a pactuar com todos.

Para escapar a essa cilada, resta-nos tão-somente retornar à nossa resolução particular e primitiva. O Senhor, depois de ter chamado a atenção dos sete bispos do Apocalipse, para um relaxamento incipiente, diz-lhes:

"Volta às tuas obras passadas, aquilo que fazias em primeiro lugar, *prima opera fac*, se não queres que venha a te derrubar". Sim, prefiro ver-vos sofrer derrotas e lutas contra um vício preciso e particular, a ver-vos lutar contra todos de uma vez, o que equivale a não combater nenhum, sem nunca sofrerdes derrota alguma.

O segundo sinal não exclui o precedente, embora seja mais extenso. É um desejo real e eficaz de melhorar sempre, um receio sincero de ofender a Deus que nos leva de fato a evitar cuidadosamente as menores culpas. É o que Nosso Senhor exprime pelas seguintes palavras: *"Beati qui esuriunt et sitiunt justitiam."* "Bem-aventurados os que têm fome e sede de justiça." Este segundo sinal é indício de um progresso mais rápido que o outro. A nós cabe tender a essa fome divina.

"Mas isto não nos obriga", direis talvez. Ah! se julgais ter feito, ou fazer, o bastante, então sois indigno dos favores de Deus, indigno de ajoelhar-vos aos seus pés. Será possível que julgueis ter satisfeito a tudo em Presença de um Deus que levou o Amor até a loucura? E se o que fazeis não dá nem para satisfazer vossas dívidas de justiça que será das de amor? Ai de quem julga ter feito bastante. Está parado na estrada onde não progredir é retroceder!

Notai a diferença que há entre essa fome de justiça, essa aspiração ardente pela santidade e o desejo de que falamos há pouco. Aquele é uma espécie de satisfação, de contentamento de confiança em si que despreza os meios particulares, aguardando as ocasiões futuras com esperanças de lhes corresponder. Esta, pelo contrário, as procura e as suscita. As indústrias do amor são infinitas.

Finalmente, esses dois sinais nem sempre são patentes à primeira vista. Por vezes, o céu está tão carregado, a tempestade tão violenta, que será difícil distinguir claramente o que vai no interior da alma. Então como saber se progredimos?

Direi, em primeiro lugar, que tais estados são passageiros. É bom de vez em quando acreditar que nada se fez, pois esse pensamento é um ferrão que nos atiçará o passo. Em todo caso, mesmo por entre essas trevas, ainda que reine obscuridade em nossa consciência, resta-nos sempre certa segurança que nos conserva a paz no fundo da alma — terceiro sinal de progresso. Embora sejamos atacados e nos sintamos perturbados, se nos ficar ainda uma certeza íntima de que não recuamos, é fácil conceber que essa certeza tem uma base sólida. Não vos inquiete então o resultado dessas tentações, nem a medida do vosso progresso. Este terceiro sinal é o mais seguro, é quase infalível.

Não adiantar, é recuar. Recuar equivale a estar morto e ter perdido tudo o que se adquirira e que tão custoso fora adquirir. Examinemo-nos, portanto, para ver se progredimos ou se estamos parados no caminho. Verifiquemos cuidadosamente se a nossa vida presente apresenta um dos sinais supra citados. Que nossas resoluções sejam precisas e firmes no que diz respeito à correção dos defeitos ou à aquisição das virtudes que nos faltam.

Acrescentemos a essa base inicial o desejo ardente de amar sempre mais, de evitar as simples aparências de pecado e então havemos de progredir, sem jamais parar até atingirmos o limiar da Pátria celeste, onde todo progresso cessa forçosamente porque alcançamos nosso fim, além do qual não é possível ir. Estamos absortos em Deus.

Índice

Introdução 5
O espírito da Comunhão 6
Diretório para a preparação 10
O estado de graça e a Comunhão 15
O desejo da Comunhão 21
A preparação do Espírito Santo 26
O Santo Sacrifício 31
Método de assistir à Santa Missa pela meditação
    da Paixão 36
Do método de assistir à Santa Missa em união com
    o espírito do Santo Sacrifício 45
Método para assistir à Santa Missa pela meditação
    das Sete Palavras de Jesus Cristo na Cruz 50
Diretório para a ação de graças 52
A extensão da Encarnação 59
O Pão da Vida 64
A Comunhão, maná dos Eleitos 69
A Comunhão, alegria do espírito 74
A Comunhão e a lei do amor 81
O Sacramento da Bondade de Deus 87
O Sacramento de Vida 92
A reabilitação pela Comunhão 97

A Comunhão, Sacramento de paz com Deus	102
A Comunhão, fonte de confiança em Deus	107
A Comunhão, remédio à nossa tristeza	113
A Comunhão, educação divina	118
As bodas místicas	123
Ele é meu e eu sou dele	128
A Comunhão, Sacramento de Unidade	134
A vida de amor	140
A perfeição do amor	147
A graça de vida	156
A Vida de Jesus em nós	163
O dom da personalidade	167
A vida de união ao Espírito Santo	174
A vida do verdadeiro servo	181
O recolhimento, via das obras divinas	187
O recolhimento, lei da Santidade	193
O recolhimento, alma da vida de adoração	199
A vida de oração	205
O espírito de oração	211
O sentido de Jesus Cristo	216
O orvalho da Graça	223
A insensibilidade do coração	231
A pureza da vida de amor	241
A virgindade do coração	248
O espírito de Jesus Cristo	253
Os sinais do espírito de Jesus	258
A mortificação, sinal do espírito de Jesus	271
A vida da natureza e a vida da Graça	279
Regras práticas da Vida sobrenatural	287

Fons Sapientiae

Distribuidora Loyola de Livros Ltda.
Rua Lopes Coutinho, 74 - Belenzinho
03054-010 São Paulo
Tel.: (11) 3322-0100
www.distribuidoraloyola.com.br